Gezielt fördern 5/6

Handreichungen für den Unterricht zu allen Arbeitsheften

Mit Grundwortschatz

Erarbeitet von
Kathleen Breitkopf, Eylem Cetinöz, Hans Joachim Heinz,
Constanze Niederhaus, Martin Plieninger, Ellen Schulte-Bunert

Inhaltsverzeichnis

Gezielt fördern

    Einleitung 3

Arbeitsheft Rechtschreiben

    Erläuterungen 6
    Der verwendete Grundwortschatz 10
    Seitenaufbau 12

Arbeitsheft Lesetraining

    Erläuterungen 14
    Seitenaufbau 18

Arbeitsheft Grammatik

    Erläuterungen 20
    Der verwendete Grundwortschatz 24
    Seitenaufbau 26

Grundwortschatz

    Begründungskontext 28
    Übungsanregungen 31
    Alphabetische Sortierung 32
    Sortierung nach Wortarten 36
    Sortierung nach Sachgruppen 40
    Flektierte Wortformen 45
    Sortierung nach rechtschriftlichen Einzelphänomenen 46
    Sortierung nach morphematischen Einzelphänomenen 52

Testseiten

    Rechtschreiben 53
    Lesetraining 56
    Grammatik 58
    Lösungen 62

Gezielt fördern

Einleitung

Konzeption

Gezielt fördern 5/6 ist eine Reihe von Basismaterialien für die Klassenstufe 5/6. Die **Zielgruppe** sind Schülerinnen und Schüler mit speziellem Förderbedarf. Berücksichtigt sind dabei besonders Schülerinnen und Schüler, deren Erstsprache nicht Deutsch ist. Die Materialien arbeiten daher mit verschiedenen DaZ-Methoden. Die vorliegenden Hefte widmen sich drei Schwerpunkten des Deutschunterrichts: der **Grammatik**, dem **Rechtschreiben** sowie dem **Lesetraining**. Auch innerhalb dieser drei Bereiche findet eine gezielte Schwerpunktsetzung statt. Die getroffene Auswahl der sprachlichen Inhalte ist bestimmt durch Aspekte des DaZ-Unterrichts – gleichzeitig sind dies aber auch besondere Probleme, die deutschsprachige schwächere Schülerinnen und Schüler haben. Mit den Heften der Reihe *Gezielt fördern* sollen daher speziell fehlerträchtige Bereiche trainiert werden.

Jedes Heft bearbeitet einen bestimmten sprachlichen Problembereich intensiv und differenziert. Die Hefte sind **phänomenorientiert**, das heißt, **kleine Einheiten von jeweils zwei bis sechs Seiten** haben ein inhaltliches Thema. Jede Einheit in den Heften ist somit als eine ‚leistbare' Portion konzipiert. Als Basis für die Hefte *Grammatik* und *Rechtschreiben* dient ein **Grundwortschatz von ca. 1000 Wörtern**. Dieser Grundwortschatz wurde für die Hauptschule erstellt. Er ist hinsichtlich spezieller DaZ-Anforderungen ergänzt und überarbeitet worden. Um die Texte inhaltlich und bezüglich des Ausdrucks nicht zu sehr einzuschränken, geht das Heft Lesetraining in seinem Wortschatz über den Grundwortschatz hinaus. Die vorliegende Lehrerhandreichung enthält den kompletten Grundwortschatz (Seiten 32–52).

Die Arbeitshefte der Reihe *Gezielt fördern* sind für die **Alleinarbeit** im (differenzierenden) Klassenunterricht sowie für die selbstständige Arbeit zu Hause geeignet. Sie lassen sich aber auch für die **Arbeit im Klassenverband** nutzen und erweitern.

Zielgruppe

3 Arbeitshefte

Gezielte Schwerpunktsetzung

Phänomenorientiert

Grundwortschatz

Prinzipien

Die Hefte setzen die aktuelle Forderung der Fachdidaktik nach Förderung der **Lernerautonomie** systematisch um. Den Schülerinnen und Schülern werden grammatische und orthographische Regeln deutlich gemacht, Tipps werden gegeben sowie Strategien bewusst vermittelt, geübt und ständig wiederholt. Das macht den Schülerinnen und Schülern ihr Tun bewusst, baut ihre **Methodenkompetenz** kontinuierlich aus, fördert ihre Selbstständigkeit und hilft ihnen, ihren Lernprozess zunehmend eigenständig zu steuern.

Jedes Phänomen wird mit Hilfe eines Materials (Texte oder visuelles Material) präsentiert. Die Themen der **Texte** sind vielfältig, sie reichen von Alltagsthemen über Sachtexte bis hin zu spannenden Texten und witzigen Begebenheiten. Dabei sind immer der Erlebnis- und Erfahrungshorizont sowie die Interessen 11- bis 13-jähriger Schülerinnen und Schüler berücksichtigt.

Lernerautonomie

Methodenkompetenz

Lebensnähe

Gezielt fördern

Einleitung

Die Hefte verfolgen einen **progressiven Aufbau**, der sich durch zunehmende Komplexität der Satzstrukturen und eine zunehmende Bandbreite des verwendeten Wortmaterials auszeichnet. In den ersten Kapiteln werden Grundlagen geschaffen, die schwächeren Schülerinnen und Schülern für die weitere Arbeit mit den Heften hilfreich und notwendig sind.
Die Anwendung von **DaZ-Methoden** wird als sinnvoll erachtet, wenn sie allen Schülerinnen und Schülern hilft. Die didaktisch-methodische Schrittfolge verstehen – sprechen – lesen – schreiben wird berücksichtigt.
Die **Textentlastung** speziell für DaZ-Schülerinnen und -Schüler wird durch einfache Satzmuster und Worterklärungen realisiert. Die gewählte Schriftart ohne Serifen ist auf Grund ihrer Formen besonders für schwache Schülerinnen und Schüler gut lesbar. Ein sinnfälliger Zeilenfall erleichtert das Erfassen der Inhalte in Sinneinheiten. Illustrationen sind funktional eingesetzt und unterstützen den Zugang zu den Texten. **Geleitetes Schreiben** durch Satzschalttafeln ermöglicht auch schwachen Schülerinnen und Schülern eine korrekte Textproduktion. Nach dem Grundsatz „Richtig schreiben lernt man durch Schreiben, vor allem Abschreiben" bieten die Hefte (vor allem *Rechtschreiben* und *Grammatik*) eine Fülle von Schreib- und Abschreibaufgaben. Eine entsprechende Anleitung findet sich auf den Klappen des Umschlags. Die **Arbeitsanweisungen** sind kleinschrittig und präzise formuliert, um auch Schülerinnen und Schülern mit geringeren Deutschkenntnissen die (selbstständige) Arbeit mit dem Material zu ermöglichen. Für den Arbeitsauftrag ‚Abschreiben' gibt es ein Piktogramm. Wiederkehrende **Lern- und Orientierungshilfen** begleiten durch die Arbeitshefte:

- Starthilfen erleichtern den Einstieg in die Aufgaben.
- Wörterlisten in der Randspalte stellen Wortmaterial für die Bearbeitung der Aufgaben bereit.
- Merkwissen ist auf den Seiten deutlich durch Fettdruck hervorgehoben.
- Strategien in der Randspalte machen in knapper Form das sprachliche Handeln bewusst.

Dieses durchgängige Hilfesystem unterstützt das eigenständige Arbeiten der Schülerinnen und Schüler. Einprägsame Piktogramme erleichtern das Wiedererkennen.

Gliederung/Aufbau

Alle Hefte sind nach dem Doppelseitenprinzip aufgebaut, das heißt, jede Doppelseite bildet eine Einheit und kann unabhängig von den anderen Seiten des Arbeitsheftes bearbeitet werden. In der Regel wird ein Phänomen auf einer **Doppelseite** bearbeitet. Dabei ist die linke Seite schwerpunktmäßig der **Erarbeitung** und die rechte Seite der **differenzierten Übung** gewidmet. Sowohl in der Erarbeitungs- als auch in der Übungsphase werden wesentliche **Lernstrategien** deutlich erkennbar gemacht und eingeübt.

Gezielt fördern

Einleitung

Jede Seite hat rechts eine **farbig abgesetzte Randspalte**. In dieser sind Lernstrategien und Wortmaterial als Lösungshilfen platziert und durch entsprechende Piktogramme deutlich gekennzeichnet.

Die Spalte ist immer auf der rechten Seite, sodass die Schüler – gleichgültig ob sie auf der linken oder auf der rechten Seite der Doppelseiten arbeiten – durchgängig die gleiche Blickrichtung haben.

Eine Auflistung von Wörtern aus dem **Grundwortschatz** in der rechten oberen Ecke jeder Doppelseite findet sich in den Heften *Grammatik* und *Rechtschreiben*. Die Nomen sind für die DaZ-Schülerinnen und -Schüler mit dem bestimmten Artikel angegeben. Diese Auflistung ermöglicht es, (auch zur Differenzierung) weiterführende oder ergänzende Aufgaben zu stellen. (Anregungen hierzu finden sich in dieser Handreichung auf der Seite 31). Über den Grundwortschatz hinausgehende Lexik wird in den **Fußnoten** semantisiert. Die zu erklärenden Wörter sind im Text mit einer Hochzahl versehen; die Zahl taucht vor der Worterklärung in der Fußnote wieder auf. Nomen werden grundsätzlich mit dem bestimmten Artikel und auch mit der Pluralform angegeben. In den Heften *Rechtschreiben* und *Lesetraining* werden die Schülerinnen und Schüler aufgefordert, die Wörter und ihre Bedeutungen ins Heft abzuschreiben. Es empfiehlt sich, ein spezielles Lernheft für diese Wörter anzulegen.

Unter der Rubrik **Extraportion** am Ende der Lerneinheiten werden die behandelten Formen und Strukturen noch einmal in ihrer Gesamtheit geübt. Diese vertiefenden Übungen fordern die Schülerinnen und Schüler auf, über die bisherigen Aufgabenstellungen hinaus ihre Erfahrungen mit der deutschen Schriftsprache produktiv und kreativ einzubringen. Hier können sie den erarbeiteten Stoff der Einheit in umfangreicheren Übungen vertiefen. Die Extraportionen eignen sich besonders zur Differenzierung.

Zur Unterstützung des eigenständigen Arbeitens finden die Schülerinnen und Schüler in den **Umschlagseiten und Klappen metasprachliche Erklärungen**, die für die Arbeit mit dem jeweiligen Heft von zentraler Bedeutung sind. Da die Schülerinnen und Schüler die Umschlagseiten während der Arbeit mit dem Heft aufklappen können, haben sie die notwendigen grammatischen Begriffe ständig zur Hand. Sie können sich informieren, können die Begriffe wiederholen und sie sich so langfristig einprägen. Auf den **Umschlaginnenseiten** finden die Schülerinnen und Schüler weitere wichtige Informationen: Zusammenstellungen der im Heft erwähnten Strategien und Regeln sowie Grammatikübersichten. Alle Hefte haben einen **Lösungseinleger**.

Randspalte:
- Übungen zum Grundwortschatz
- Worterklärungen in der Fußnote
- Lernheft für Grundwortschatz
- Extraportionen
- Metasprachliche Erklärungen
- Lösungseinleger

Arbeitsheft Rechtschreiben

Erläuterungen

Das Heft **Rechtschreiben** berücksichtigt drei zentrale Problembereiche der deutschen Rechtschreibung:
- die Schreibung von Vokalen,
- die Auslautverhärtung sowie
- die Großschreibung.

Es macht den Lernern diese speziellen Schwierigkeiten bewusst und enthält vielfältige Übungen, mit denen sie ihre Rechtschreibung sichern können.

Drei zentrale Problembereiche

Begründungskontext

Die deutsche Sprache verfügt über eine große Anzahl von Vokalen, die sich ergibt aus:
- der unterschiedlichen **Länge von Vokalen** (*a – e – i – o – u* können, jeweils lang bzw. kurz gesprochen werden),
- den **Umlauten** *ä – ö – ü*, die auch lang bzw. kurz gesprochen werden können, und
- den Zwielauten oder Doppellauten, den **Diphthongen** *au – ei – eu*.

Länge von Vokalen

Umlaute

Diphtonge

Für die Verschriftlichung dieser verschiedenen Laute stehen aber lediglich fünf Zeichen *a – e – i – o – u* zur Verfügung. Lang- und Kurzvokal werden mit dem gleichen Buchstaben geschrieben *(Hut, Hund)*. Für die Umlaute gibt es diakritische Zeichen (zwei Striche bzw. Punkte über den Buchstaben *a – ä, o – ö, u – ü*). Die Diphthonge werden durch die Kombination von zwei Buchstaben abgebildet. Diese **komplizierte Beziehung zwischen Lauten und Zeichen** birgt für alle Lerner erhebliche Schwierigkeiten in der Rechtschreibung. Gleiches gilt für die Konsonanten *b, d* und *g im Silben- oder Wortauslaut*, da p, t und k gehört werden. Hier muss die Beziehung zwischen Laut und Zeichen mit Hilfe von Regeln gelernt werden. Die **Großschreibung** von Nomen ist eine Rechtschreibnorm, die gelernt werden muss.

Beziehung zwischen Lauten und Zeichen

Großschreibung

Zielgruppe

Zu den **Rechtschreibschwierigkeiten**, die alle Schülerinnen und Schüler beim Verschriftlichen der Vokale sowie bei b, d und g im Auslaut haben, kommen für Schülerinnen und Schüler mit einer anderen Erstsprache als Deutsch und für deutsche Dialektsprecher noch **phonetische Probleme** hinzu.
So kennen z.B. Schülerinnen und Schüler mit türkischer, polnischer oder arabischer Erstsprache nur eine Vokallänge, die häufig zwischen unserem Lang- bzw. Kurzvokal liegt. Diese Schülerinnen und Schüler sind es folglich nicht gewohnt, auf die Länge von Vokalen zu achten. Für das Deutsche ist das aber insofern wichtig, als die **Vokallänge bedeutungsunterscheidend** ist *(Ofen – offen, rate – Ratte)*.

Rechtschreibschwierigkeiten und phonetische Probleme

Arbeitsheft Rechtschreiben

Erläuterungen

Eine weitere Besonderheit im Vokalsystem der deutschen Sprache bilden die Umlaute und die Diphthonge, die in anderen Sprachen gar nicht oder nur partiell vorkommen. Ähnliche Schwierigkeiten haben **deutsche Dialektsprecher**, da in verschiedenen Dialekten (z.B. Bayerisch oder Hessisch) Vokallängen oder Vokale in Bezug auf die Standardsprache variieren.

Auch die **Auslautverhärtung** ist ein phonetisches Problem. Für Deutschlerner mit einer anderen Erstsprache (**DaZ-Schülerinnen und -Schüler**) sowie für einige Dialektsprecher ist daher das bewusste Hören und Sprechen einzelner Laute eine wichtige phonetische Hilfe für das Erlernen der Rechtschreibung.

Die für das Deutsche typische Rechtschreibkonvention, die **Großschreibung** von Nomen, ist ein Phänomen, das DaZ-Schülerinnen und -Schülern aus ihrer Erstsprache – gleichgültig ob diese mit lateinischen, kyrillischen, arabischen oder anderen Buchstaben geschrieben wird – gänzlich unbekannt ist. Für alle deutschen Schüler ist sie ein wesentlicher Fehlerschwerpunkt.

Dialektsprecher

DaZ-Schülerinnen und -Schüler

Heftaufbau

Das Heft ist zweigeteilt. Der erste Teil beinhaltet **16 Lerneinheiten** zu den Vokalen. Auf jeweils einer Doppelseite werden der Langvokal und auf einer weiteren der Kurzvokal behandelt. Die Umlaute *ä – ö – ü* werden als Lang- und Kurzlaute auf einer Doppelseite präsentiert. Ebenfalls auf einer Doppelseite findet der Lerner die Diphthonge *au – ei – eu*. Alle Doppelseiten haben eine **einheitliche Struktur**, sodass die Lerner, wenn sie diese Struktur verstanden haben, **allein und selbstgesteuert** mit dem Heft **arbeiten** können. Dazu ist es notwendig, dass die Lehrperson eine einmalige Einführung (ca. eine Unterrichtsstunde) gibt, bei der vor allem darauf geachtet werden muss, die Schülerinnen und Schüler zum genauen Lesen der Arbeitsanweisungen anzuhalten.

Lerneinheiten zu Vokalen und zur Rechtschreibung

Einheitlicher Seitenaufbau

Jede Einheit beginnt mit einem **Material** (authentischer Text, Witz, Bildergeschichte, Comic, Konkrete Poesie etc.). Es bietet den Lernern einen motivierenden Einstieg, präsentiert das Phänomen und stellt Sprechimpulse, Redemittel und Wortmaterial für die anschließenden **Übungen** bereit.

Diese Übungen
- dienen der **optischen und akustischen Analyse**,
- fördern die **Formensicherheit**,
- vermitteln Einsichten in **Rechtschreibregeln** und
- bieten **projektorientierte Aufgaben** für die individuelle Weiterarbeit.

Arbeitsheft Rechtschreiben

Erläuterungen

Der zweite Teil des Heftes enthält vielfältige motivierende Übungen zur Rechtschreibung. Themen aus dem ersten Teil werden wieder aufgegriffen und orthographisch gesichert. Ergänzt werden sie durch Übungen zur Auslautverhärtung sowie zur Großschreibung. Bei allen Übungen steht das **strategiegeleitete Lernen** im Vordergrund. Den Schülerinnen und Schülern werden nicht nur Regeln gegeben, sondern ihnen werden vielfältige Strategien vermittelt, die ihnen ihr Tun bewusst machen und das Lernen erleichtern.

Strategiegeleitetes Lernen

Dabei wird ein altersgemäßer **Grundwortschatz** eingeführt, auf unterschiedliche Weise semantisiert und durch vielfältige Übungen gesichert. Das ist insbesondere für DaZ-Schülerinnen und -Schüler, aber auch für sprachlich wenig geförderte deutsche Schülerinnen und Schüler wichtig.

Altersgemäßer Grundwortschatz

Im Hinblick auf die DaZ-Lerner, die als Seiteneinsteiger in die Sekundarstufe I kommen, gibt es eine **Progression** bezüglich des **Wortschatzes** und der **Satzmuster** sowie des **Schwierigkeitsgrades der Übungen** im ersten Teil des Heftes. So können sich diese Schüler bei der **chronologischen Bearbeitung** des Heftes den Vokalbestand der deutschen Sprache und seine Verschriftlichung systematisch aneignen und einen Grundwortschatz aufbauen. Andererseits ist es aber auch möglich, dass Lerner – unabhängig von ihrer Erstsprache – **einzelne Einheiten** des Heftes **zur Aufarbeitung von speziellen Defiziten** und **Unsicherheiten** oder aber zur **Wiederholung** bearbeiten.

Progression

Lernziele

Die Lerner müssen sich bewusst machen,
- dass es in der deutschen Sprache **Lang- und Kurzvokale** gibt.
- dass die **Vokallänge bedeutungsunterscheidend** ist (die Hüte – die Hütte).
- dass die Vokallänge durch verschiedene **Rechtschreibregeln** verdeutlicht werden kann (ein Konsonant, ein Doppelkonsonant, mehrere Konsonanten, Dehnungs-h, ie).
- dass es **feste Beziehungen** gibt **zwischen den Vokalen der deutschen Sprache und den Buchstaben**, mit denen sie geschrieben werden (au, ei, eu).
- dass für die Schreibung **von b, d und g im Auslaut Regeln** von Bedeutung sind.
- dass **Nomen** immer großgeschrieben werden.
- dass **aus Verben und Adjektiven Nomen werden** können, die dann großgeschrieben werden
- dass **Regeln und Lernstrategien helfen**, richtig zu schreiben, und
- dass sie mit deren Hilfe in der Lage sind, **selbstständig zu arbeiten**.

Regeln und Lernstrategien

Arbeitsheft Rechtschreiben

Erläuterungen

Methoden

Nach der Erkenntnis „Richtig schreiben lernt man durch Schreiben, insbesondere durch Abschreiben" bietet das Heft eine Fülle von Schreibaufgaben. Diese sind anfangs stark gelenkt, damit die Lerner sich die **vorgegebenen Wortbilder** durch häufiges Umgehen mit ihnen einprägen.
Das sind u.a.
- Wörterlisten und Texte abschreiben,
- Wörter aus vorgegebenen Buchstaben bzw. Silben bilden,
- Lückenwörter mit vorgegebenen Buchstaben vervollständigen.

(gelenkte) Schreibaufgaben

Zusätzlich dienen Aufgaben zur Formensicherung wie
- Hohlbuchstaben nachspuren oder ausmalen.

Aufgaben zur Formensicherung

Sind die Wortbilder gesichert, werden sie kontextualisiert durch zum Beispiel
- Lückensätze mit vorgegebenen Wörtern vervollständigen,
- Rätselsätze,
- Wortgruppen zu Sätzen verbinden,
- Sätze zu vorgegebenen Wörtern bilden,
- Wortpaare bilden, die semantisch passen (Sommer – Winter, reich – arm).

Kontextualisierung

Alle Übungen lassen sich **für den Klassenverband erweitern**. So können die Wörter aus den Wörterlisten alphabetisch oder nach anderen Kriterien geordnet und geschrieben sowie als Partner-, Dosen- oder Schleichdiktat eingesetzt werden. Auch zur Satzbildung bzw. Textproduktion oder für grammatische Übungen (Pluralbildung, Substantivdeklination, Verbkonjugation, Zeitformen bilden, Adjektivsteigerung etc.) sind diese Wörter geeignet. Texte können als Diktattexte für Klassenarbeiten verwendet und die kurzen Prosaformen von allen Schülern auswendig gelernt werden.

Erweiterung für den Klassenverband

Arbeitsheft Rechtschreiben

Der verwendete Grundwortschatz

der Aal	die Blume	erklären	gern	ist	liegen
ab	bluten	das Erlebnis	das Geschenk	ja	das Loch
der Abend	der Boden	erzählen	die Geschichte	das Jahr	der Löffel
abends	böse	erst	das Gesicht	jeder	die Luft
aber	brauchen	es	die Geschwister	jemand	lustig
acht	braun	das Essen	gesund	jetzt	machen
alle	bremsen	essen	das Gewitter	jung	das Mädchen
allein	der Brief	etwas	gibt	der Junge	das Märchen
alles	die Brille	auch	das Glas	kalt	mal
als	bringen	der Euro	der Gott	kämmen	malen
am	der Bruder	die Fabrik	das Gras	kann	die Mama
die Ampel	das Buch	das Fahrrad	grau	die Karte	man
die Angst	der Bus	fahren	groß	die Kartoffel	manchmal
die Antwort	dabei	fährt	grün	die Katze	der Mann
antworten	dann	fallen	gründlich	kaufen	der März
der Apfel	daran	fällt	die Gruppe	das Kind	die Maschine
ärgern	das	falsch	grüßen	klar	die Maus
der Arm	dazu	die Familie	gut	die Klasse	mehr
auch	die Decke	die Farbe	die Haare	das Kleid	mein
auf	dein	fast	haben	klingeln	der Mensch
aufstehen	dem	fehlen	hält	klopfen	mich
aus	den	der Fehler	halten	klug	die Milch
der Ausländer	denn	das Fenster	die Hand	kochen	die Minute
außerdem	der	fest	hängen	die Kohle	mir
das Auto	des	das Feuer	hart	komisch	mit
der Ball	deshalb	finden	hat	kommen	mögen
die Banane	deutlich	der Finger	das Haus	der König	der Monat
die Bank	dich	fragen	heiß	können	der Morgen
bauen	dick	frei	die Heizung	der Kopf	morgens
der Baum	die	der Freitag	helfen	der Körper	müde
bei	der Dienstag	freuen	hell	kosten	die Musik
beim	dir	der Freund	her	kräftig	müssen
das Bein	doch	die Freunde	der Herbst	krank	mutig
beinahe	dort	freundlich	heute	der Kreis	die Mutter
das Beispiel	draußen	früh	hier	das Kreuz	die Mütze
bekommen	drei	das Frühstück	die Hilfe	die Küche	nach
belohnen	du	der Frühling	der Himmel	die Kuh	die Nacht
das Benzin	dumm	fünf	hinter	der Kuchen	nämlich
beobachten	dunkel	für	hoffentlich	kurz	nah
bereits	dünn	der Fuß	holen	küssen	der Name
der Berg	durch	der Fußball	hören	lachen	nass
besonders	dürfen	ganz	die Hose	das Land	der Nebel
bestimmt	das Ei	der Garten	der Hund	lang	neben
besser	eigentlich	der Geburtstag	hundert	der Lärm	neu
der Besuch	ein	die Gefahr	der Hunger	laufen	neugierig
das Bett	einer	gegen	hungrig	laut	nicht
bevor	einige	gehen	hüpfen	der Lehrer	nichts
das Bild	einkaufen	gehören	ich	die Lehrerin	nimmt
bin	einmal	gelb	die Idee	leise	noch
die Birne	das Eis	das Geld	ihn	lesen	die Nummer
bis	die Eltern	das Gemüse	ihm	leuchten	nur
das Blatt	das Ende	das Gewitter	im	die Leute	ob
blau	endlich	genau	immer	letzte	oben
blind	eng	genug	in	das Licht	oder
der Blitz	er	gerade	ins	lieben	öffnen
blühen	die Erde	das Geräusch	interessieren	das Lied	oft

10

Arbeitsheft Rechtschreiben

Der verwendete Grundwortschatz

die Oma	schwach	treffen	will
der Onkel	schwer	die Treppe	der Wind
der Ozean	schwierig	treu	der Winter
das Papier	das Schwimmbad	tun	wir
passieren	sechs	die Tür	wird
die Pause	sehen	turnen	wissen
pflücken	sehr	üben	der Witz
plötzlich	sein	über	wo
die Post	sich	die Uhr	wohl
der Preis	sie	um	die Wohnung
probieren	sieben	und	wollen
der Pullover	siegen	der Unfall	das Wort
der Punkt	sind	uns	die Wurst
putzen	sitzen	unten	wünschen
raten	so	unter	wütend
rechnen	der Sommer	der Vater	der Zahn
rechts	die Sonne	verbieten	zehn
der Regen	sonst	verbinden	zeigen
rennen	spannend	der Verkehr	die Zeit
reich	der Spaß	verlieren	Zeugnis
reiten	der Spiegel	verstecken	das Ziel
richtig	das Spiel	versuchen	ziemlich
riechen	spielen	viel	das Zimmer
der Ring	der Spielplatz	vielleicht	der Zopf
rot	spitz	vier	zu
der Rücken	die Spitze	vom	zuerst
rufen	sprechen	von	zum
ruhig	springen	vor	zur
die Rutsche	spritzen	vorsichtig	zusammen
sagen	stark	der Vorname	zwei
der Satz	stehen	wahr	zwischen
sauber	stolz	die Wahrheit	zwölf
die Schaukel	die Straße	warm	
schenken	der Streit	die Wärme	
die Schere	streiten	warten	
schieben	der Strumpf	warum	
die Schildkröte	das Stück	was	
schimpfen	die Stufe	das Wasser	
schlagen	die Stunde	weg	
schlecht	Stundenplan	wegen	
schlimm	der Sturm	wegnehmen	
der Schluss	süß	weich	
der Schlüssel	der Tag	weil	
schmal	die Tasche	weinen	
schmecken	die Tasse	weiß	
schmutzig	tausend	weit	
die Schnecke	das Telefon	weiter	
der Schnee	teuer	welche	
schneiden	der Text	wenn	
schnell	tief	wer	
schon	das Tier	werden	
schön	toben	das Wetter	
schreiben	die Tochter	wichtig	
die Schuld	tragen	wie	
die Schule	der Traum	wieder	
der Schüler	traurig	die Wiese	

11

Arbeitsheft Rechtschreiben

Seitenaufbau

Jede Doppelseite bildet eine Einheit. Die einheitliche Struktur aller Doppelseiten ermöglicht selbstgesteuertes Lernen.

1 Im ersten Teil des Arbeitsheftes erscheint der **Alphabetfries** mit dem aktuellen Buchstaben fett gedruckt; im zweiten Teil des Arbeitsheftes benennt der Fries das jeweils behandelte Phänomen bzw. die thematisierte Fragestellung.

2 Das **Material** präsentiert das Phänomen und stellt Sprechimpulse und Wortmaterial bereit. Illustrationen erleichtern die Semantisierung.

3 Die **Lernstrategie Handzeichen machen** unterstützt das Einprägen von Vokallänge bzw. -kürze. Auch die **Kennzeichnung der Vokallänge** bzw. -kürze durch Strich oder Punkt ist eine durchgehende Lernstrategie.

4 Die **Übung zur Formensicherung** ist als Innere Differenzierung für DaZ-Schülerinnen und -Schüler konzipiert.

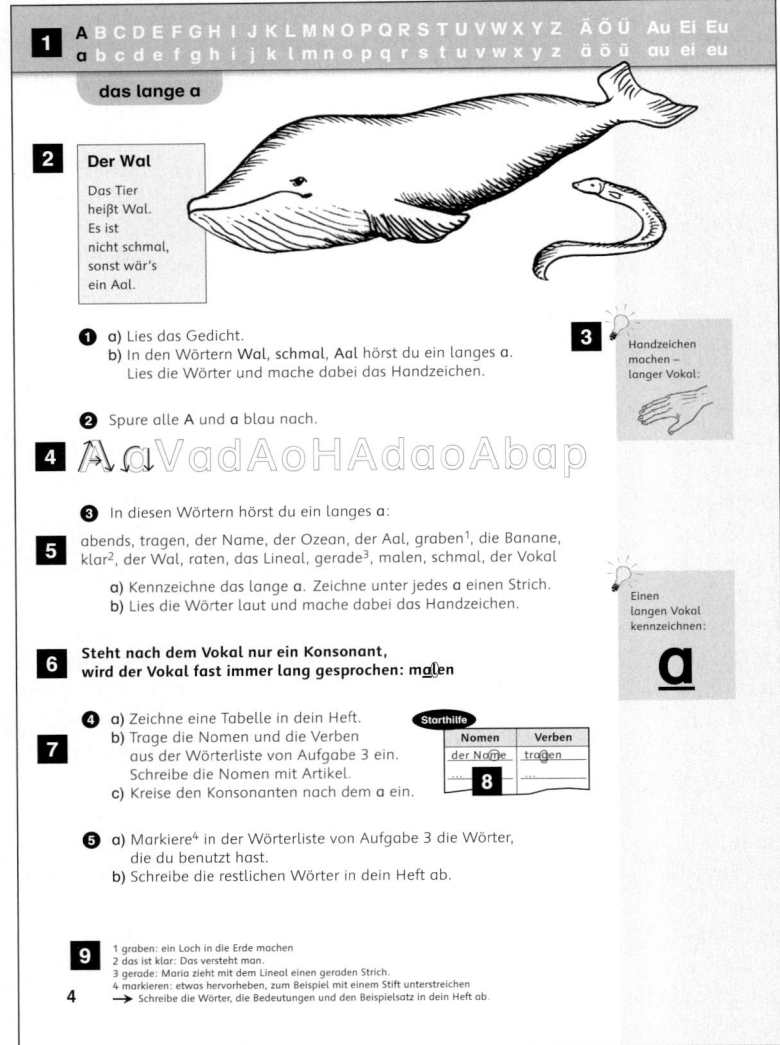

5 Die **Wörterliste** enthält weiteres Wortmaterial (Lernwörter). Diese Lernwörter dienen zunächst für Übungen zur optischen und akustischen Analyse und werden zur Sicherung der Wortbilder grundsätzlich ins Heft abgeschrieben.

6 Die Regel steht als **Merksatz im Zwischenspann**. Sie ist typografisch hervorgehoben.

7 Stark **gelenkte Übungen** festigen die Wortbilder der Lernwörter. Dabei werden bereits bekannte grammatische Phänomene (hier zum Beispiel Wortarten) wiederholt. Nomen werden immer mit dem bestimmten Artikel geschrieben.

Das ist eine wesentliche Merkhilfe für DaZ-Schülerinnen und -Schüler.

8 Das Einkreisen ist wie das **Markieren als optisches Signal** eine Lernhilfe und vertieft die Einsicht in Rechtschreibregeln.

9 In der **Fußnote** stehen neue Wörter, die nicht in den Übungen kontextualisiert sind. Die Bedeutungen werden durch Synonyme, Einbettungen in Kontexte sowie durch Illustrationen vermittelt. Die neuen Wörter und ihre Bedeutungen werden grundsätzlich ins Heft abgeschrieben – es empfiehlt sich dafür ein Vokabelheft.

Arbeitsheft Rechtschreiben

Seitenaufbau

[10] abends, der Ozean, der Aal, gerade, schmal, schmecken, schwer, groß, erzählen

6 a) Vervollständige die Sätze.
Schreibe die passenden Wörter in die Lücken.
Tipp: Du findest sie in der Wörterliste von Aufgabe 3.
b) Schreibe die Sätze in dein Heft ab.

[11] Die _____ ist gelb und schmeckt süß.

Du musst _____ schlafen gehen.

Die Schüler _____ die schweren Bücher.

Ali unterstreicht den Satz mit einem _____.

Der _____ ist ein sehr großes Tier, das im Ozean lebt.

7 Immer zwei Wortgruppen bilden einen Satz.
a) Lies die Wortgruppen.
b) Verbinde die passenden Wortgruppen.
c) Schreibe auf, was Maria erzählt.

[12]
A) Mein Name — gern.
B) Ich male — lebt in Deutschland.
C) Meine Familie — ist Maria.
D) Wir kommen — kommst du?
E) Woher — aus Italien.

A) _____
B) _____
C) _____
D) _____
E) _____

[13] **Extraportion**

8 a) Male ein Bild von dir.
b) Erzähle von dir. Schreibe in dein Heft. Klebe das Bild dazu.
[14] Tipp: Die Wortgruppen in der Randspalte helfen dir.

[15] ABC
ich spiele
ich lebe
ich male
ich lese
ich komme aus

5

---

[10] In der Kopfleiste finden die Schülerinnen und Schüler **Wörter** mit speziellen Rechtschreibproblemen **aus dem Grundwortschatz** (zum Beispiel lange Wörter, Konsonantenhäufungen, selten vorkommende Buchstaben wie c, j, ß, z). Diese Wörter sollten besonders intensiv geübt werden. (Anregungen hierzu siehe Seite 31).

[11] Lückensätze oder -texte kontextualisieren die Lernwörter aus der Wörterliste. Soll ein Text ins Heft abgeschrieben werden, so steht neben der Aufgabenstellung ein entsprechendes Piktogramm.

[12] Indem die Schülerinnen und Schüler zwei Wortgruppen zu einem Satz verbinden, üben sie zum einen das Wortbild eines Lernwortes, zum anderen festigen sie die Semantik der einzelnen Wortgruppen sowie des gesamten Satzes.
Die Syntax der Sätze ist einfach und somit auch für DaZ-Schülerinnen und -Schüler durchschaubar.

[13] Die **Extraportionen** bieten Zusatzmaterialien und -aufgaben an, die der inneren Differenzierung dienen. Sie regen die Schülerinnen und Schüler zu kreativer Spracharbeit an. Die Aufgabenstellungen sprechen verschiedene Lernkanäle an, sie aktivieren andere Fähigkeiten (z. B. Auswendiglernen, kleine Geschichten schreiben). Dabei können die Schülerinnen und Schüler ihre eigenen Erfahrungen mit der (neuen) Sprache einbringen.

[14] Der **Tipp** ist Teil eines durchgängigen Hilfesystems und verweist auf Lösungshilfen.

[15] In der **Randspalte** wird häufig Wortmaterial bereitgestellt, das den Schülerinnen und Schülern bei der Bearbeitung der Aufgaben hilft. Dieses Wortmaterial als wiederkehrende Lernhilfe unterstützt – wie auch die Starthilfen – das eigenständige Arbeiten der Schülerinnen und Schüler.

Arbeitsheft Lesetraining

Erläuterungen

Das Heft **Lesetraining** berücksichtigt drei zentrale Voraussetzungen für das sinnentnehmende Lesen:
- Konzentration,
- Augenbewegung sowie
- Lesetechniken und -strategien.

drei zentrale Voraussetzungen

Es macht den Lernern diese Voraussetzungen bewusst und enthält vielfältige Übungen, mit denen sie ihre Lesefähigkeit steigern und sichern können. Durch seine klare und durchgängige Struktur ist das Heft für die **differenzierende Alleinarbeit** sowohl in der Schule als auch zu Hause geeignet. Darüber hinaus können die Übungen für die Arbeit im Klassenverband erweitert werden.

Begründungskontext

Die Ergebnisse der ersten **PISA-Studie** belegen, dass viele Schülerinnen und Schüler der Sekundarstufe I nicht über die **1. Stufe einer elementaren Lesekompetenz** hinauskommen. Besonders **hoch** ist dabei der **Anteil von Jugendlichen aus Zuwandererfamilien**. Da das Lernen in der Schule in beinahe allen Fächern zum überwiegenden Teil auf der Basis von Texten erfolgt, zählt die **Fähigkeit, mit Texten umgehen** zu können, zu den **zentralen Voraussetzungen für schulisches Lernen**.

Lesekompetenz

Mit Texten umgehen

Aber was bedeutet „Mit Texten umgehen können" im Einzelnen? Der erste und entscheidende Schritt ist, einen Text sinnentnehmend lesen zu können. Sich einen Text erschließen und seinen Inhalt sichern zu können, setzt Wissen und Fertigkeiten in verschiedenen Bereichen voraus. Die Schülerinnen und Schüler müssen
- Buchstabenformen (wieder-)erkennen und unterscheiden,
- die Buchstaben-Laut-Beziehung der deutschen Schriftsprache kennen,
- Wörter inhaltlich verstehen,
- Zusammenhänge zwischen Wörtern herstellen,
- wesentliche Aussagen finden sowie
- den ‚roten Faden' eines Textes erkennen können.

Zielgruppe

Das Heft Lesetraining wendet sich an Schülerinnen und Schüler der 5./6. Klasse aller Schularten, die lediglich über eine **elementare Lesekompetenz** verfügen. Das betrifft sowohl Schülerinnen und Schüler mit Deutsch als Erstsprache als auch besonders Schülerinnen und Schüler mit **Deutsch als Zweitsprache**.

Arbeitsheft Lesetraining

Erläuterungen

Gründe für die mangelhaften Leseleistungen können folgende sein:
- Konzentrationsschwächen
- nicht ausreichende Augenbewegung
- fehlende Sicherheit in den Buchstabenformen
- mangelnde Kenntnis der Buchstaben-Laut-Beziehung (Orthographiekenntnisse)
- zu geringer Wortschatz
- Defizite im morphosyntaktischen Wissen (Welche Konjugations- oder Deklinationsendung muss ein Wort an einer bestimmten Stelle im Satz haben? Welche Wortart kann an einer bestimmten Stelle im Satz nur vorkommen?)
- fehlendes Weltwissen (Es können keine Hypothesen bezüglich des Inhalts gebildet werden.)

Gründe für mangelhafte Leseleistungen

Gerade in den Bereichen **Buchstabenformen, Buchstaben-Laut-Beziehung, Wortschatz sowie Morphemik (Veränderung von Wortkörpern) und Syntax (Satzbau)** weisen viele **DaZ-Schülerinnen und -Schüler** erhebliche **Probleme** und **Defizite** auf. Daher bietet das Heft vielfältige Übungen, diese Defizite aufzuarbeiten.

Heftaufbau

Das Heft ist in **acht Einheiten** gegliedert. Sechs Einheiten basieren auf stark **vereinfachten Sachtexten**. Den beiden letzten Einheiten liegen **literarische Texte** zu Grunde. Hierbei handelt es sich um altersgerechte Texte der aktuellen Kinder- und Jugendliteratur.

Sach- und literarische Texte

Die Einheiten zu Sachtexten umfassen jeweils acht, die zu literarischen Texten sechs Seiten. Alle Einheiten sind nach dem gleichen Muster aufgebaut. Jeder Einheit **vorgeschaltet** ist eine Doppelseite, die **Übungen zur Konzentration und Lesetechniken** enthält. Diese Seiten sind durch eine zartgelbe Hinterlegung sowie durch eine gelbe Kopfleiste kenntlich gemacht. Die Aufgaben sind thematisch mit der anschließenden Einheit verbunden, die hier trainierten Lesetechniken werden auf den folgenden Seiten wieder aufgegriffen und geübt. An die vorgeschalteten Doppelseiten schließen sich bei den Sachtexten drei und bei den literarischen Texten zwei thematische Doppelseiten an. Die blaue Kopfleiste enthält das Thema. Jede Einheit bietet **drei unterschiedliche Texte zu dem gleichen Thema**. Auf jeder Doppelseite findet der Lerner einen **Text** und sich daran anschließende **Aufgaben zur Texterschließung und Textsicherung**. Diese Texte sind in **drei Schwierigkeitsstufen** gegliedert (von einfach bis schwierig). **Innerhalb jeder Einheit** sowie **im gesamten Heft** ist eine **Progression** bezüglich des Wortschatzes, der Komplexität der Sätze sowie der Schwierigkeit der Aufgabenstellungen zu finden. Auch die Konzentrations- und Leseübungen sind progressiv aufgebaut.

Übungen zu Konzentration und Lesetechnik

Texte in drei Schwierigkeitsstufen

Progression

Arbeitsheft Lesetraining

Erläuterungen

Lernziele

Das übergeordnete Lernziel ist die Fähigkeit, einen Sachtext oder einen literarischen Text sinnentnehmend zu lesen. Um das zu erreichen, ist es notwendig, den Schülerinnen und Schülern **Fertigkeiten** zu vermitteln, wie zum Beispiel
- ihre Wahrnehmung zu fördern,
- ihre Lesegenauigkeit zu trainieren oder
- ihre Leseflüssigkeit zu steigern.

Dazu dienen die Aufgaben zur Konzentration und zu verschiedenen Lesetechniken auf den jeder Einheit vorgeschalteten Doppelseiten.

Des Weiteren müssen den Schülerinnen und Schülern **Methoden zur Texterschließung sowie zur Textsicherung vermittelt** werden. Diese Methoden sollen **strategiegeleitet** sein, d.h. die Schülerinnen und Schüler sollen lernen, mit Hilfe von Strategien einen Text systematisch und automatisch zu erschließen und zu sichern. Das setzt voraus, dass die Schülerinnen und Schüler diese Strategien kennen und sie bewusst einsetzen.

Methoden zur Texterschließung und -sicherung

Da sich das Arbeitsheft an **DaZ-Methoden** orientiert, spiegelt sich der **Textknacker** in seinen Grundzügen in diesem Heft wider. Dabei wird in jeder Einheit eine Strategie als Schwerpunkt gesetzt und geübt. Bereits eingeführte Strategien werden in späteren Einheiten mehrfach wiederholt und gefestigt. Die Reihenfolge des Textknackers wird im gesamten Heft beibehalten. Im Sinn der Progression sollen die Schülerinnen und Schüler am Ende des Heftes in der Lage sein, alle Strategien einsetzen zu können.

Textknacker-Strategie

Die Auswahl der **Sachthemen** sowie der **literarischen Texte** soll die Lerner **motivieren** und ihnen einen **emotionalen Zugang** zu den Texten ermöglichen.

Motivation durch Textauswahl

Arbeitsheft Lesetraining

Erläuterungen

Methoden

Sowohl für die Einheiten zu Sachtexten als auch für diejenigen zu literarischen Texten wurden Themen und Texte ausgesucht, die aus dem Erlebnis- und Erfahrungsraum Jugendlicher stammen bzw. ihr Interesse wecken. Dabei wurde darauf geachtet, auch **interkulturelle Themen** zu berücksichtigen. Das Heft arbeitet mit **vereinfachten Texten**, die bezüglich des Umfangs, des Wortmaterials und der Komplexität der Sätze entlastet sind. **Worterklärungen** finden die Lerner im Text, in Fußnoten, in speziellen Aufgaben oder durch Bilder. Dadurch wird die Bedeutung der Wörter als ein zentraler Zugang zum Textverständnis insbesondere für DaZ-Schülerinnen und -Schüler erarbeitet und sichergestellt. Alle Texte haben eine **Zeilennummerierung**. Das erleichtert die Orientierung im Text und das Arbeiten am Text.

Interkulturelle Themen

Textentlastung

Worterklärungen

Die **Aufgabentypen** orientieren sich an den Textknackerstrategien.

Aufgaben zur Texterschließung sind:
- aus Bildern / aus der Überschrift den Inhalt des Textes antizipieren
- Text in Abschnitte unterteilen
- Überschriften bzw. Zwischenüberschriften finden
- Schlüsselwörter suchen, herausschreiben, markieren
- Schlüsselwörter Absätzen zuordnen
- Bestimmte Zahlen, Informationen im Text suchen und markieren
- Lückensätze vervollständigen
- W-Fragen beantworten

Aufgaben zur Texterschließung

Aufgaben zur Textsicherung sind:
- Sätze umformulieren
- Richtige Aussagen herausfinden
- Fragen zum Text beantworten
- Inhalte zusammenfassen

Aufgaben zur Textsicherung

Bei den Einheiten zu literarischen Texten kommen weitere **produktionsorientierte Aufgabenformen** hinzu, wie:
- eine Person beschreiben
- Gefühle der Protagonisten beschreiben
- einen Dialog entwickeln
- einen Brief schreiben

Produktionsorientierte Aufgaben

Diese Aufgaben geben den Schülerinnen und Schülern die Möglichkeit, Empathie für die literarischen Personen zu entwickeln, sich mit ihnen zu identifizieren oder auch eigene Gefühle auf die Personen zu projizieren.

Arbeitsheft Lesetraining

Seitenaufbau

Jede Doppelseite bildet eine Einheit. Die einheitliche Struktur aller Doppelseiten ermöglicht selbstgesteuertes Lernen.

1 Sukzessive wird der Textknacker eingeführt und geübt. In der Kopfleiste wird dabei jeweils der **Textknacker-Schritt** genannt, welcher **schwerpunktmäßig** auf den folgenden Doppelseiten trainiert wird.

2 Der **Fließtext** präsentiert in den Einheiten 1 bis 6 Sachtexte, in den Einheiten 7 und 8 literarische Texte. Diese Texte sind Ausgangsmaterial für die sich anschließenden Übungen. Sie haben grundsätzlich eine **durchgehende Zeilennummerierung** und einen **sinnfälligen Zeilenfall**. **Schlüsselwörter** erscheinen im Fettdruck. Sollen **Zwischenüberschriften** in den Text eingefügt werden, sind dafür Schreiblinien vorhanden. Die **Gliederung** der Texte ist durch einen größeren Durchschuss zwischen den Absätzen klar gekennzeichnet.

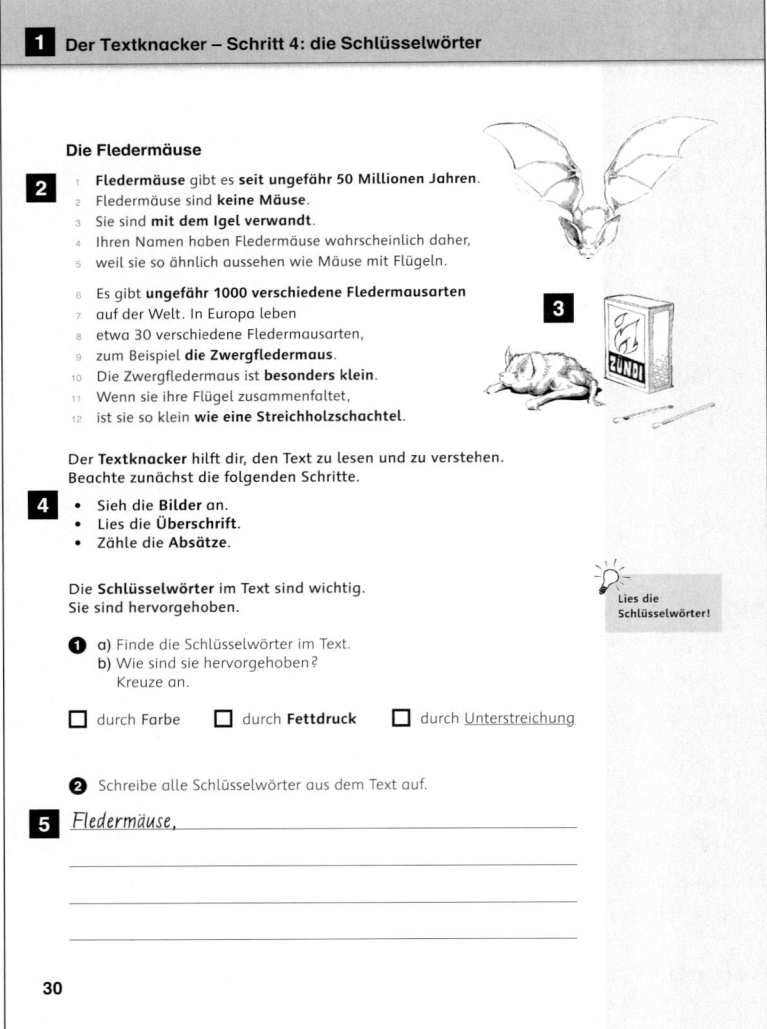

3 Die **Illustrationen** unterstützen das Textverständnis. Sie bauen Vorerwartungen auf, verdeutlichen Situationen und erklären einzelne Wörter. Wenn es die Aufgabenstellungen erfordern, sind die Illustrationen nummeriert; teilweise finden sich darunter Bildunterschriften oder Schreibzeilen, sodass die Schülerinnen und Schüler selbst passende Bildunterschriften ergänzen können.

4 Die **Schritte des Textknackers stehen als Vor- und Zwischenspann** und sind optisch durch Fettdruck hervorgehoben. In den späteren Einheiten werden die bereits erarbeiteten Textknackerschritte der vorangegangenen Einheiten wieder aufgegriffen. Die Schrittfolge des Textknackers bleibt dabei stets gleich.

5 **Starthilfen** geben den Schülerinnen und Schülern eine Vorlage, die ihnen zeigt, wie die Aufgabe zu lösen ist. Starthilfen können Satzanfänge oder ganze Sätze sein.

Arbeitsheft Lesetraining

Seitenaufbau

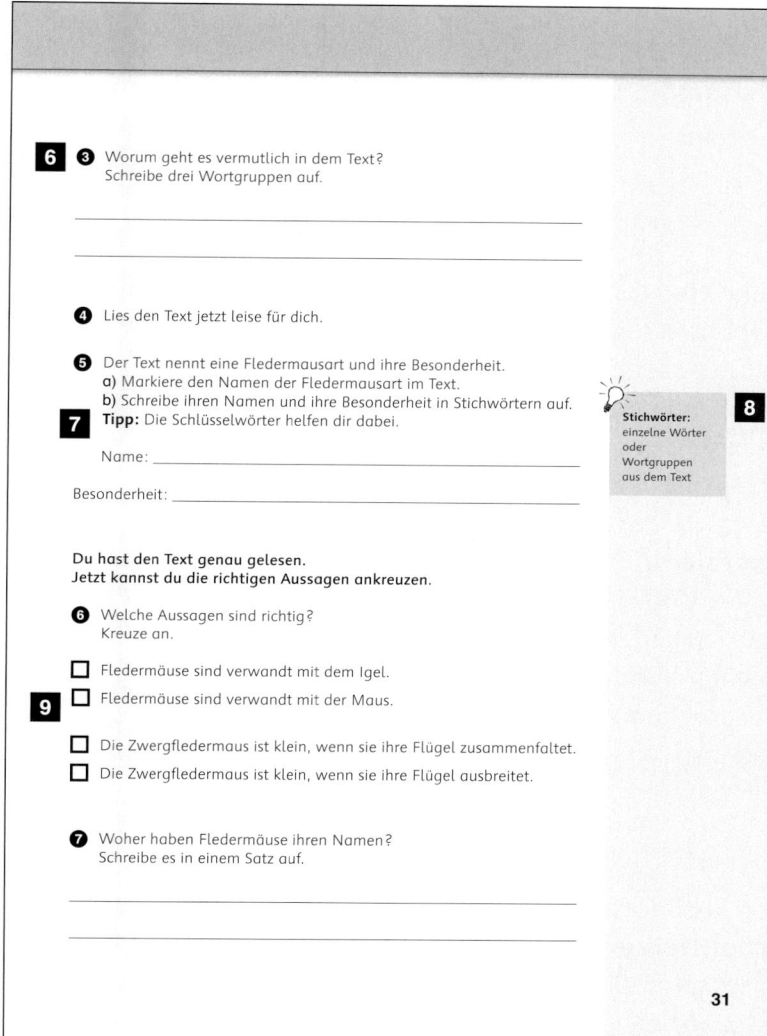

8 In der farbig unterlegten Randspalte finden sich drei Gestaltungselemente:

- **Strategien** – hier schwerpunktmäßig Textknackerstrategien – machen den Schülerinnen und Schülern ihr Tun immer wieder bewusst und fördern so ihre Methodenkompetenz.

- **Wörterlisten** enthalten Wortmaterial (Wörter oder Wortgruppen), das die Schülerinnen und Schüler für die daneben stehende Übung benötigen.

- **Schreibzeilen** ermöglichen das Notieren von Stichwörtern.

9 Die Schülerinnen und Schülern lernen anhand unterschiedlicher Aufgaben, sich einen Text inhaltlich zu erschließen und zu sichern. Sie sollen beispielsweise **Schlüsselwörter markieren**, Stichwörter aufschreiben, bei **Multiple-Choice-Aufgaben** die richtigen Antworten erkennen oder **W-Fragen zum Textinhalt** beantworten.

6 Bevor die Schülerinnen und Schüler den Text im Gesamten lesen, sollen sie den Textinhalt antizipieren und ihre Erwartungen an den Text formulieren.

7 Tipps geben den Schülerinnen und Schülern eine **zusätzliche Information und Arbeitsanweisung**.

Am Ende aller Einheiten stehen grundsätzlich **Extraportionen als vertiefende Übungen**. Sie greifen das Thema der Einheit noch einmal auf und geben den Schülerinnen und Schülern die Möglichkeit, das in dieser Einheit Gelernte mit ihren allgemeinen (Sprach-)Kenntnissen produktiv zu verbinden.

Arbeitsheft Grammatik

Erläuterungen

Das Heft **Grammatik** setzt zwei Schwerpunkte, die erfahrungsgemäß häufige Fehlerquellen sind. Gezielt werden daher diese Bereiche geübt:
- Zeitformen der Verben, Modalverben, trennbare Verben sowie
- Präpositionen, Konjunktionen und Adverbien.

Zwei Schwerpunkte

Begründungskontext

Die **Verben** haben in der deutschen Sprache eine zentrale Bedeutung: An ihnen erkennt man Person, Numerus, Tempus, Genus verbi sowie Modus. Darüber hinaus bestimmen Verben durch ihre Valenz die Ausdehnung des Satzes: Sie geben vor, welche Verbergänzungen obligatorisch und welche fakultativ sind. (Zum Beispiel erfordert das Verb *lachen* nur die Nominativergänzung: *Ich lache*, während das Verb *geben* eine Nominativ-, eine Dativ- und eine Akkusativergänzung verlangt: *Ich gebe meiner Freundin das Geld*.)

Verben: zentrale Bedeutung in der deutschen Sprache

Präpositionen, Konjunktionen und Adverbien gehören zu den nicht flektierbaren Nebenwortarten. Auf den ersten Blick sind sie unspektakulär, einfach zu verwenden und als Strukturwörter in jedem Text zu finden. Das vorliegende Heft widmet sich deshalb bewusst diesen „kleinen Wörtchen". Sie sind notwendig, um sich schriftsprachlich differenziert ausdrücken zu können. Entsprechendes gilt für das sinnverstehende Lesen von Texten.

Präpositionen, Konjunktionen und Adverbien: wichtig für sinnverstehendes Lesen und differenziertes Schreiben

Zielgruppe

Die Formen und der Gebrauch der Verben im Deutschen stellen – vor allem für **Schülerinnen und Schüler nicht deutscher Herkunft** – große Schwierigkeiten dar: Es gibt zahlreiche, häufig benutzte unregelmäßige Formen. Die Hilfsverben *haben* und *sein*, trennbare Verben, Modalverben und die Syntax der Verben (Satzklammer im Hauptsatz mit der Zweitstellung des konjugierten Verbs und der Endstellung von Partizip II, Infinitiv oder Präfix der trennbaren Verben) sind Erscheinungen, die andere Sprachen in dieser Form nicht aufweisen.

Was die Wortarten Präpositionen, Konjunktionen und Adverbien anbelangt, zeigen Erfahrungen der letzten Jahre, dass Schülerinnen und Schüler mit Migrationshintergrund aber **auch zunehmend Kinder bzw. Jugendliche mit deutscher Muttersprache** Schwierigkeiten bei der Verwendung dieser Wortarten haben. Sie gebrauchen die Wörter oft nicht nur syntaktisch, sondern auch in ihrem Bedeutungskontext falsch.

DaZ-Schülerinnen und -Schüler

Heftaufbau

Jedes Kapitel beginnt mit einem Text, der typisch für das jeweilige grammatische Phänomen ist. Erst nach der inhaltlichen Sicherung des Textes wird das grammatische Phänomen erklärt und geübt. Den Texten liegt ein altersgemäßer **Grundwortschatz** zu Grunde. Jede Doppelseite bildet eine Einheit und kann unabhängig von den anderen bearbeitet werden (**Doppelseitenprinzip**).

Grundwortschatz

Doppelseitenprinzip

Arbeitsheft Grammatik

Erläuterungen

Die Inhalte im Einzelnen

Der **Infinitiv** muss zur Verfügung stehen, damit ein Verb im Wörterbuch nachgeschlagen werden kann. Der Schwerpunkt des Kapitels liegt daher auf dem Herleiten des Infinitivs aus seiner konjugierten Form. Das Deutsche weist drei Infinitiv-Endungen auf: *-en (machen)*, *-eln (lächeln)* und *–ern (erinnern)*. Da die Infinitiv-Endung *–en* am häufigsten vorkommt, wird sie in diesem Heft thematisiert und geübt.
→ Der Gebrauch des Infinitivs zusammen mit den Modalverben ist syntaktisch komplex und wird im **Kapitel Modalverben** behandelt.

Infinitiv:
Wichtig für das Nachschlagen im Wörterbuch

Der Schwerpunkt des Kapitels **Präsens** liegt auf der Bewusstmachung und dem Üben der regelmäßigen und unregelmäßigen Formen. Das Präsens wird im Deutschen zur Benennung aktuellen Geschehens *(Er schläft gerade.)* verwendet. Außerdem bezeichnet es generelle oder zeitlose Ereignisse *(Er heißt Jan.)* und kann zur Bezeichnung eines zukünftigen Geschehens benutzt werden *(Morgen fährt er nach Hause.)*.
→ Das historische Präsens *(1492 entdeckt Columbus Amerika.)* wird wegen seines seltenen Gebrauchs in diesem Kapitel nicht erwähnt.

Präsens:
regelmäßige und unregelmäßige Formen

Das **Perfekt** birgt in mehrfacher Hinsicht Schwierigkeiten: Der Lerner muss regelmäßige und unregelmäßige Formen des Partizip II lernen, die Bildung des Perfekts mit *haben* oder *sein* unterscheiden sowie die Syntax (Zweistellung des Hilfsverbs, Endstellung des Partizip II) beherrschen. Als Texte wurden überwiegend Dialoge gewählt, um den Gebrauch des Perfekts als mündliche Vergangenheitsform herauszustellen. Aus Gründen der Vereinfachung wurde der Terminus Partizip II durch Partizip ersetzt.
→ Trennbare Verben sind hier ausgespart und werden im **Kapitel trennbare Verben** behandelt.

Perfekt:
mündliche Vergangenheitsform – Dialoge als Textmaterial

Die **Modalverben** bereiten besonders Lernern nicht deutscher Herkunftssprache Schwierigkeiten. Neben der Syntax (Zweitstellung des Modalverbs und Endstellung des Infinitivs) stellt vor allem die Semantik der Modalverben eine häufige Fehlerquelle dar. Diese Themen bilden daher den Schwerpunkt des Kapitels. Das Modalverb *sollen* wird auf Grund seiner Schwierigkeiten in der Anwendung – meist zur Wiedergabe eines Satzes mit *müssen* – nicht behandelt. Das Modalverb *mögen* wird mit den Formen *ich möchte*, *du möchtest* usw. angeboten, da diese Formen häufiger gebildet werden. Das Perfekt wird nicht thematisiert, da es üblicherweise durch das Präteritum ersetzt wird.

Modalverben:
Syntax und Semantik als häufige Fehlerquellen

Das **Präteritum** ist das übliche Tempus in geschriebenen erzählenden oder berichtenden Texten (z.B. in Märchen, Geschichten, Zeitungsberichten).
Vor allem im mündlichen Sprachgebrauch wird das Präteritum mehr und mehr durch das Perfekt ersetzt. Eine besondere Schwierigkeit bei der Formenbildung und Verwendung des Präteritums stellen die unregelmäßigen Verben dar.

Präteritum:
schriftliche Vergangenheitsform

Arbeitsheft Grammatik

Erläuterungen

→ Die Verwendung der Modalverben im Präteritum wird im **Kapitel Modalverben** behandelt.

Trennbare Verben sind eine Besonderheit der deutschen Sprache. Neben dem Trennen der Verben bei der Sprachproduktion ist vor allem auch das Erkennen von Verben bzw. Infinitiven bei der Sprachrezeption ein Problem. Verschärft wird dieses Problem, da durch die Syntaxregel (Zweitstellung des einen Verbteils, Endstellung des Präfix) bei langen Sätzen beide Verbteile sehr weit voneinander entfernt stehen: *„Ich **rufe** dich morgen Nachmittag noch einmal **an**."* Aus diesem Grund werden in dem Kapitel die beiden Verbteile durch visuelle Elemente hervorgehoben.

Trennbare Verben: Visualisierung der Verbteile

Präpositionen sind vor allem für Kinder mit Migrationshintergrund schwierig zu erlernen: Indem Präpositionen immer einen Kasus nach sich ziehen, beziehen sie sich direkt auf das schwierige deutsche Kasussystem. Häufig verwendete Präpositionen wie *in, auf, neben* und *unter* können als Wechselpräpositionen sowohl den Akkusativ als auch den Dativ nach sich ziehen – je nachdem, ob eher das prozesshafte Tun *(Ich hänge die Hose in den Schrank.)* oder die statische Position *(Die Hose hängt in dem Schrank.)* betont werden soll. Viele Präpositionen können mit dem nachfolgenden Artikel zu einem neuen ‚gemeinsamen Wort' verschmelzen: *zu + dem* → *zum*.

Präpositionen: Schwierigkeit durch Bezug auf das deutsche Kasussystem

→ Auf die Behandlung von Präpositionen, auf welche der Genitiv folgt, wird bewusst verzichtet, da sie nur selten vorkommen.

Es ist zu empfehlen, die einzelnen Seiten mit einem gewissen zeitlichen Abstand zueinander im Unterricht zu behandeln. Da die angesprochenen grammatischen Phänomene sehr ähnlich und nicht wirklich trennscharf zueinander sind, besteht vor allem für schwächere Schülerinnen und Schüler ansonsten die Gefahr, z. B. Dativ- und Akkusativverwendung zu verwechseln.

Konjunktionen haben die Aufgabe, einzelne Wörter, Wortgruppen oder ganze Sätze miteinander zu verbinden. Dabei wird zwischen **nebenordnenden** und **unterordnenden Konjunktionen** unterschieden. In der Alltagsunterhaltung reihen wir üblicherweise Hauptsatz an Hauptsatz, weshalb die Verwendung der entsprechenden Konjunktionen *(und, oder, aber)* für Kinder mit deutscher Muttersprache kaum ein Problem darstellt. Dagegen muss speziell für Schülerinnen und Schüler mit Migrationshintergrund der Bedeutungsunterschied erarbeitet werden. Problematischer sind die unterordnenden Konjunktionen, welche die Schülerinnen und Schüler in besonderer Weise erlernen müssen:

Konjuktionen: neben- und unterordnende Konjunktionen

- hinsichtlich ihrer Aufgabe, Haupt- und Nebensätze miteinander zu verbinden
- hinsichtlich ihrer Fähigkeit, die innere Beziehung zwischen Haupt- und Nebensatz durch die jeweils verwendete Konjunktion ausdrücken zu können.

Bedeutungsunterscheidung

Man kann davon ausgehen, dass muttersprachlich deutsche Kinder und Jugendliche die unterordnenden Konjunktionen *weil, wenn* und *dass* in ihrem passiven Verstehenswortschatz haben. Es darf aber bezweifelt werden, dass diese Wörter

Arbeitsheft Grammatik

Erläuterungen

auch bei allen im aktiven Schreibwortschatz sind. Die entsprechenden Seiten erarbeiten vor allem auch die Bedeutung der Konjunktionen *weil* und *wenn*. Die Konjunktion *dass* spielt eine gewisse Sonderrolle. Einerseits wird sie sehr häufig verwendet. Andererseits hat sie nur noch eine leichte finale Funktion, ist weitgehend semantisch entleert und wird als reines Koppelglied zwischen Haupt- und Nebensatz verwendet. Eine Thematisierung der Bedeutungskomponente kann aus genannten Gründen bei *dass* entfallen.

→ Generell sollte auch auf die **Kommasetzung** eingegangen werden. Von besonderer Bedeutung ist die Endstellung des Verbs in Nebensätzen.

Kommasetzung

Adverbien spielen bei der differenzierten Beschreibung von Sachverhalten eine wichtige Rolle. Bei vielen Schülerinnen und Schülern befinden sich zu wenige Adverbien in ihrem aktiven Schreibwortschatz. Deshalb hat das Kapitel in erster Linie die Aufgabe, diesen aktiven Schreibwortschatz zu erweitern. Viele Kinder mit Migrationshintergrund müssen außerdem Adverbien in ihrem korrekten syntaktischen Verwendungskontext explizit lernen, da verschiedene Herkunftssprachen im Unterschied zur deutschen Sprache mit Adverbien anders umgehen.

Adverbien: wichtig für differenzierte Beschreibung von Sachverhalten

Lernziele

Folgende Lernziele werden dem Arbeitsheft Grammatik zu Grunde gelegt:
- den Infinitiv aus konjugierten Formen herleiten
- Zeitformen der regelmäßigen und unregelmäßigen Verben bilden (Präsens, Perfekt, Präteritum) und situationsgerecht nutzen
- Modalverben kennen und anwenden
- Trennbare Verben kennen und anwenden
- Präpositionen in ihrer Bedeutung unterscheiden und anwenden
- Konjunktionen in ihrer Bedeutung unterscheiden und anwenden
- Funktion und Leistung von Adverbien kennen und anwenden

Lernziele

Methoden

Das **Bewusstmachen des Lernprozesses** ist durchgängiges Prinzip und wird unterstützt durch **Regeln**, **Lernstrategien** und **optische Signale**. Hierzu zählen sowohl Layoutelemente (z. B. die entsprechende Gestaltung bei den trennbaren Verben) als auch die wiederholten Aufforderungen, Phänomene zu markieren und damit hervorzuheben. Als methodisches Vorgehen wird der Dreischritt **isolieren – üben – anwenden** konsequent umgesetzt. Das jeweilige Phänomen wird zunächst aus dem dargebotenen Textmaterial isoliert und anschließend gezielt und systematisch geübt. Dies geschieht beispielsweise durch das Bilden der Verbformen oder das Zuordnen passender Formen *(ich kaufe ein – einkaufen)*. In diesem Zusammenhang wird auch die Bedeutung des Wortmaterials geklärt. Schließlich wird das jeweilige Phänomen im Satzzusammenhang angewendet. Diese Kontextualisierung erfolgt zum Beispiel durch Lückentexte, Satzschalttafeln oder mit Hilfe von Wortgruppen, die Schreibanregungen bieten.

Bewusstmachen des Lernprozesses

Dreischritt: Isolieren – üben – anwenden

Arbeitsheft Grammatik

Der verwendete Grundwortschatz

ab	bezahlen	das Eis	gefallen	ja	meistens
der Abend	biegen	die Eltern	gegen	das Jahr	mich
abends	das Bild	das Ende	gehen	jeder	mir
aber	bin	entdecken	gehören	jetzt	mit
acht	bis	er	gemütlich	der Junge	der Mittag
alle	bisschen	erklären	genau	kalt	mögen
allein	blau	erlauben	genug	kann	der Montag
alles	bleiben	erleben	gerade	die Katze	morgen
alt	die Blume	erst	das Geschenk	kaufen	der Morgen
am	der Boden	erzählen	die Geschichte	kennen	morgens
die Ampel	brauchen	es	geschieht	das Kind	müde
an	der Brief	das Essen	gestern	das Kino	der Mund
anders	die Brille	essen	gewinnen	die Klasse	die Musik
anfangen	bringen	etwas	gibt	klein	müssen
die Angst	das Brot	euch	glauben	klettern	die Mutter
anrufen	der Bruder	fahren	gleich	der Koffer	nach
ansehen	das Buch	das Fahrrad	das Glück	kommen	der Nachmittag
die Antwort	der Bus	fährt	glücklich	können	die Nacht
anziehen	der Computer	der Fall	groß	der Korb	nämlich
der Apfel	da	fallen	grün	krank	die Nase
arbeiten	dabei	fällt	die Gruppe	das Krankenhaus	nass
der Ärger	dafür	die Familie	gut	der Kreis	neben
ärgerlich	danach	fangen	haben	die Kreuzung	nehmen
der Arm	dann	fast	halb	die Küche	neun
der Arzt	darum	fehlen	hält	der Kuchen	nicht
auch	das	der Fehler	hängen	kühl	nichts
auf	dazu	das Fenster	hat	lachen	noch
aufheben	die Decke	die Ferien	das Haus	lang	nun
aufpassen	dein	fernsehen	heißen	langsam	nur
aufräumen	dem	der Fernseher	die Heizung	der Lärm	ob
aufstehen	den	fest	helfen	laufen	oben
aus	denken	das Fest	das Hemd	laut	oder
aussehen	denn	das Feuer	der Herr	legen	oft
das Auto	der	fiel	heute	der Lehrer	ohne
der Bach	deshalb	finden	hier	die Lehrerin	die Oma
backen	deutsch	fliegen	die Hilfe	leicht	der Ort
der Bäcker	dich	die Frage	hin	lernen	paar
der Bahnhof	die	fragen	hinfallen	lesen	packen
der Ball	der Dienstag	die Frau	hinten	letzte	das Papier
die Banane	dir	freuen	hinter	leuchten	passieren
der Baum	doch	der Freund	hinterher	liegen	die Pause
beginnen	dort	die Freundin	hoch	links	pflegen
behalten	drei	freundlich	hoffen	los	der Platz
bei	du	froh	hören	die Lust	plötzlich
beide	dunkel	früh	die Hose	machen	die Post
beim	dünn	das Frühstück	der Hunger	das Mädchen	probieren
das Beispiel	durch	fünf	hungrig	mal	die Puppe
bekommen	dürfen	für	ich	malen	der Raum
belohnen	die Ecke	der Fuß	ihm	die Mama	rechnen
beobachten	ein	der Fußball	ihn	man	rechts
besonders	einer	das Futter	ihr	manchmal	der Regen
bestimmt	einfach	ganz	im	der Mann	regnen
der Besuch	einige	der Garten	immer	die Maus	die Reihe
besuchen	einkaufen	geben	in	mehr	die Reise
das Bett	einmal	der Geburtstag	ins	mein	reisen
bevor	einsteigen	gefährlich	ist	meinen	rennen

24

Arbeitsheft Grammatik

Der verwendete Grundwortschatz

richtig	stehen	wann
rot	stellen	warten
rufen	der Stock	warum
rund	die Straße	was
sagen	streiten	das Wasser
sammeln	der Strom	wechseln
der Samstag	das Stück	weg
der Satz	der Stuhl	der Weg
sauber	die Stunde	wegnehmen
schauen	der Sturm	weil
schenken	suchen	weinen
schimpfen	die Tafel	weiß
schlafen	der Tag	weiter
schließlich	tanzen	welche
der Schüssel	die Tasche	wenig
schmecken	der Tee	wenn
der Schnee	der Teppich	werden
schnell	der Text	werfen
schon	der Tisch	das Wetter
der Schrank	tragen	wie
schreiben	der Traum	wieder
die Schule	treffen	will
der Schüler	trinken	wir
schwer	tun	wird
die Schwester	die Tür	wissen
schwimmen	üben	der Witz
sechs	über	wo
sehen	überlegen	die Woche
sehr	überqueren	wohnen
sein	die Uhr	die Wohnung
seit	um	wollen
der Sessel	und	das Wort
sich	ungefähr	wünschen
sicher	uns	zählen
sie	unter	zeigen
sieben	der Unterricht	die Zeit
sieht	der Urlaub	der Zettel
sind	die Vase	ziehen
singen	der Vater	das Zimmer
sitzen	verbinden	der Zoo
so	vergessen	zu
sofort	verlassen	zuerst
sogar	verlieren	zum
sollen	verstehen	zumachen
der Sommer	viel	zur
die Sonne	vielleicht	zusammen
der Sonntag	vier	zwei
sonst	voll	zwischen
der Spaß	vom	
spät	von	
das Spiel	vor	
spielen	vorbei	
spitz	vorher	
sprechen	die Wahrheit	
springen	der Wald	
die Stadt	die Wand	

Arbeitsheft Grammatik

Seitenaufbau

Jede Doppelseite bildet eine Einheit. Die einheitliche Struktur aller Doppelseiten ermöglicht selbstgesteuertes Lernen.

1 In der **Kopfleiste** erscheint die Bezeichnung des auf der (Doppel-)Seite thematisierten Phänomens und der jeweils thematisierten Fragestellung.

2 Zunächst wird **Material als Bild-Textkombination** vorgegeben. Dieses ist so angelegt, dass die Schülerinnen und Schüler das jeweils thematisierte **Phänomen in einem funktionalen Zusammenhang** isolieren können. Es stellt also das neue Wortmaterial bereit. Die Bild-Textkombination stützt die Semantisierung.

3 **Grammatische Regeln und Merkwissen** werden als Vor- oder Zwischenspann deutlich präsentiert.

4 Im Anschluss an den Text und vor den Aufgaben zur Identifikation des Phänomens setzen die Schülerinnen und Schüler sich zunächst mit dem Textinhalt auseinander (**Fragen zum Textverständnis**).

5 Die zunächst im funktionalen Zusammenhang erarbeiteten und semantisch erschlossenen Wörter bzw. Wortformen werden durch Aufschreiben **isoliert und gesichert**.

6 Neue **grammatische Fachbegriffe und Lernstrategien** werden in der Randspalte benannt und deutlich hervorgehoben. Sie werden zudem, wenn erforderlich, durch ein Beispiel verdeutlicht. In den Randspalten erscheinen auch Tipps zu den neu erschlossenen Wortarten.

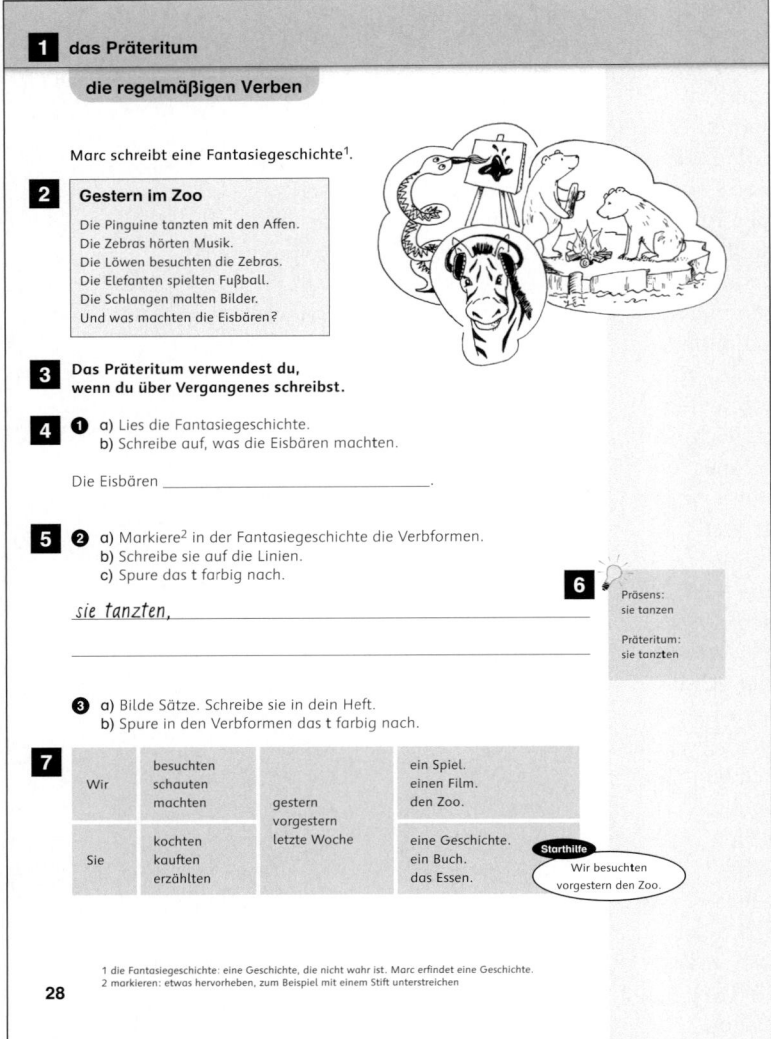

Diese beziehen sich in der Regel auf die Schreibweise des neuen Wortmaterials oder auf dessen Gebrauch im Satzzusammenhang.

7 Vor allem im Hinblick auf DaZ-Schülerinnen und -Schüler wird häufig mit **Satzschalttafeln** gearbeitet. Diese fördern die Sicherheit im Umgang mit dem neuen Wortmaterial auf der Satzebene.

Arbeitsheft Grammatik

Seitenaufbau

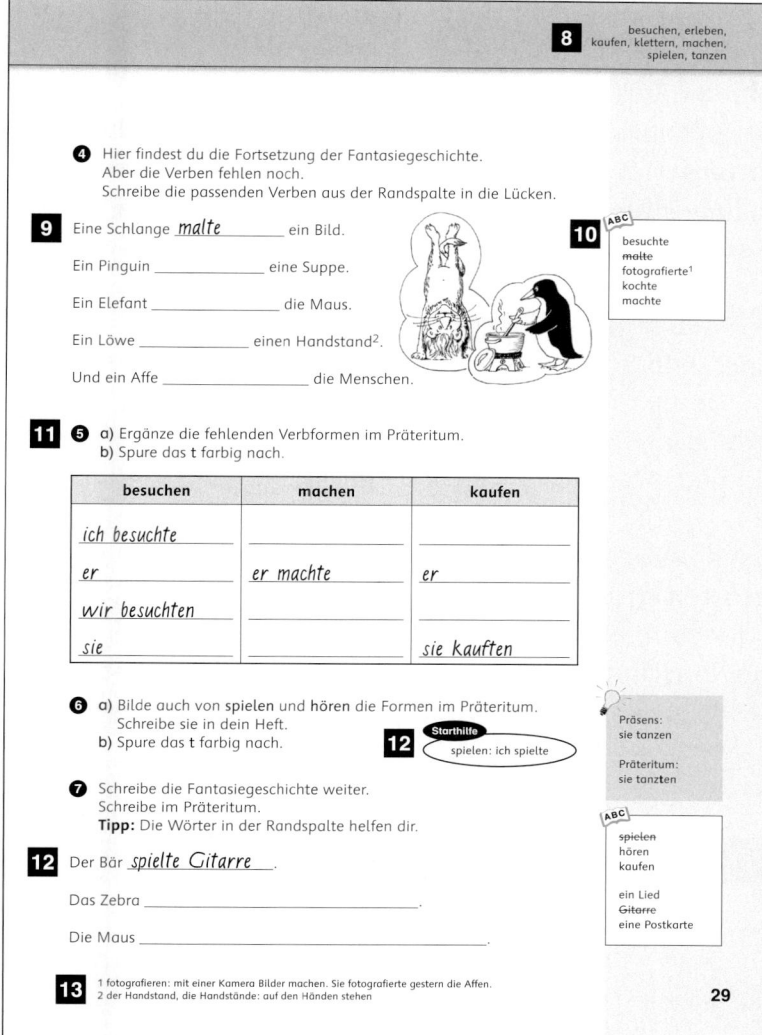

8 In der Randspalte findet sich eine Auswahl der auf dieser Seite verwendeten **Wörter aus dem Grundwortschatz**. Sie bieten Möglichkeiten zum differenzierenden Üben. (Anregungen hierzu: siehe Seite 31).

9 Nachdem die Wörter bzw. das neue Phänomen durch Aufschreiben isoliert wurde, folgt in einem weiteren Schritt das gezielte **Üben und Anwenden**. Lückentexte und Lückensätze dienen der **Kontextualisierung**; die systematische Formenbildung wiederholt und festigt die Verwendung.

10 Lösungshilfen werden in den Randspalten vorgegeben. Indem das benötigte Wortmaterial bereitgestellt wird, erfahren vor allem auch DaZ-Schülerinnen und -Schüler eine entsprechende Hilfestellung. Wenn angebracht, wird die **semantische Sicherung** des Wortmaterials **durch Illustrationen** in der Randspalte gestützt.

11 Das Einkreisen, Unterstreichen und Nachzeichnen sind **optische und haptische Hilfen** zur Sicherung des Verständnisses von Text und Bild.

12 Starthilfen sind ebenfalls Teil des Hilfesystems, das die Schülerinnen und Schüler durch die Arbeitshefte begleitet. Sie erleichtern den Einstieg in die Bearbeitung der Aufgaben, indem **Satzanfänge oder ganze Sätze** vorgegeben sind.

13 Schwierige Wörter werden auf jeder Seite in der Fußnote aufgeführt. Hierzu gehören mit Blick auf die DaZ-Schülerinnen und -Schüler häufig auch Komposita. Ihre Bedeutung wird durch Synonyme, einsprachige Erklärungen und Einbettung in Kontexte vermittelt. Nomen werden **immer mit dem bestimmten Artikel** vorgegeben, da dies eine wesentliche Merkhilfe für DaZ-Schülerinnen und -Schüler ist.

Vertiefende Übungen (Extraportionen) bieten Zusatzmaterialien und Zusatzaufgaben höheren Schwierigkeitsgrades. Sie sind so angelegt, dass die Schülerinnen und Schüler das neue Wortmaterial in komplexeren Situationen benutzen müssen.

27

Grundwortschatz

Begründungskontext

Die Wurzeln gws-orientierten Arbeitens liegen im Fremdsprachenunterricht, aber auch im Deutschunterricht der Grundschule. Die durch den PISA-Prozess maßgeblich beeinflussten neuen Bildungsstandards richten den Blick auch und gerade in der Sekundarstufe I (wieder) verstärkt auf grundwortschatzorientiertes Arbeiten. Ein **begrenztes Inventar an Wörtern** wird durch vielfache Begegnung im Unterricht so vertraut, dass es als Modellinventar die Schülerinnen und Schüler befähigt, **vorkommenshäufige Wörter** richtig zu schreiben und vielfältige Transferleistungen selbstständig vorzunehmen.

Grundwortschatz: vorkommenshäufige Wörter

Der Grundwortschatz bietet in besonderer Weise die Möglichkeit, das selbstständige Lernen der einzelnen Schülerinnen und Schüler unterstützend zu begleiten. Ein derartiger Grundwortschatz sollte vielfältig erschlossen und gegliedert sein, um von einem entwicklungsorientierten Verständnis von (Recht-)Schreiben die Schülerinnen und Schüler in ihrem eigenen und individuell verschiedenen Lernprozess zu unterstützen.

Der vorliegende Grundwortschatz ist deshalb (im Anschluss an die **alphabetische Sortierung**) in die einzelnen **Wortarten** gegliedert, beginnend mit den Hauptwortarten. Bei den Verben sind die stammlautverändernden, starken Verben separat ausgewiesen. Der Grundwortschatz enthält insgesamt 1021 Wörter. Darunter sind auch 36 flektierte Wortformen, die besonders häufig falsch geschrieben werden.

Insgesamt 1021 Wörter

Die Wörter sind wie folgt auf die einzelnen Wortarten aufgeteilt:

Wortart	Anzahl	Wortart	Anzahl	Wortart	Anzahl
Nomen	386	Artikel	7	Präpositionen	37
Adjektive	149	Konjunktionen	21	Pronomen	34
Verben	266	Numeralien	17		
Adverbien	98	Partikel	6		

Ein weiteres Ordnungskriterium für den Grundwortschatz sind **Sachgruppen**. Da das Lernen von Wörtern leichter in Beziehungsgeflechten erfolgt, sind 70% der verwendeten Wörter in Sachgruppen gegliedert.

Verschiedene Ordnungskriterien

Sachgebiet	Anzahl	Sachgebiet	Anzahl
Gefühl, Sinneswahrnehmung	87	Gesundheit, Krankheit, Körperpflege	23
Zeitangabe	78	Spiel, Sport	22
Raum-, Lageangabe	66	Geist, Verstand, Charakter	21
Zahl, Mengenangabe	48	Technik	18
Natur	44	Familie, Verwandte, Bekannte	17
Essen, Trinken	43	Kleidung, Schmuck	17
Äußere Erscheinung	36	Wetter, Klima	13
Haus, Wohnung	36	Gesellschaft	12
Körper	33	Kommunikation	12
Verkehr	33	Religion	6
Bildung	28		
Geselligkeit	24		

Grundwortschatz

Begründungskontext

Darüber hinaus ist der Grundwortschatz sortiert nach **rechtschriftlichen Einzelphänomenen**. Speziell für schwache Schülerinnen und Schüler, aber auch Schülerinnen und Schüler nicht deutscher Herkunftssprache ist die gesonderte Auszeichnung lautgetreuer Wörter für basale Übungen wichtig.

Eine notwendige Voraussetzung, um in der Rechtschreibung sicherer zu werden, ist der Einblick in und das Verständnis von den grundlegenden morphematischen Gesetzmäßigkeiten unserer Sprache. Daher wird der Grundwortschatz auch nach **morphematischen Einzelphämomenen** sortiert angeboten.

Zur Lehrperspektive

Es gibt nicht den einen GWS. Vielmehr ist ein **GWS ein methodisches Werkzeug**, angepasst an die spezifischen Bedürfnisse der jeweiligen Klasse bzw. Lerngruppe. Deshalb müssen sich Lehrende vor dem Einsatz eines GWS über dessen Begründungskontext klar werden: Was macht einen letztlich beliebigen Wortschatz zu einem ‚Grund'wortschatz? Welche Bedingungen muss er erfüllen? Exemplarisch seien genannt:

- **Vorkommenshäufigkeit:** Der Wortschatz enthält ausreichend Wörter aus dem altersangemessenen Schreibwortschatz der Schülerinnen und Schüler.
- **Modellinventar:** Die Wortauswahl ist so angelegt, dass sie die Lernenden anregt, begründete Vermutungen über die richtige Schreibung bislang unbekannter Wörter anzustellen.
- **Ausnahmeinventar:** Die Wortauswahl enthält fehlerträchtige Ausnahmewörter wie ‚Tiger' oder ‚nämlich', die wortspezifisch eingeprägt werden müssen.
- **Flektierte Wortformen:** Der Wortschatz enthält Wörter, die in der Grundform unproblematisch zu schreiben, in der flektierten Form aber fehlerträchtig sind.
- **Nebenwortarten:** Auch fehlerträchtige Strukturwörter wie ‚ihm', ‚dir' oder ‚dass' sind enthalten.
- **Sachgebietsgliederung:** Die Wörter sind nicht nur alphabetisch bzw. nach Wortarten geordnet, sondern (auch) in Sachgebiete gegliedert. Aus dem Fremdsprachenunterricht weiß man, dass sich Wörter in Beziehungsgeflechten vernetzt besser einprägen, als wenn sie lediglich additiv vermittelt werden.

Ein GWS stellt demnach eine Art Steinbruch für Lehrerinnen und Lehrer dar. Sie können sich an dem immer gleichen Wortmaterial für unterschiedlichste Unterrichtszwecke bedienen und stellen dadurch sicher, dass sich der GWS nach und nach bei den Schülerinnen und Schülern als **Modellwortschatz** einschleift. Dieser Modellcharakter bietet insbesondere Jugendlichen mit Migrationshintergrund ein hervorragendes Trainingsfeld. Dabei ist es nur ein scheinbarer Widerspruch, dass ein GWS nicht abgeschlossen und fertig definiert sein darf, sondern offen sein muss, für klassenspezifische und individuelle Ergänzungen, inhaltlicher aber auch morphematischer bzw. orthographischer Art.

Grundwortschatz

Begründungskontext

Der vorliegende Grundwortschatz korreliert mit veröffentlichten (Grund-)Wortschätzen der wissenschaftlichen Literatur. Gleichzeitig wird sichergestellt, dass er einen hohen Deckungsgrad mit Aufsätzen und Diktaten von Schülerinnen und Schülern der fünften und sechsten Klasse der Hauptschulen aufweist.

Zur Lernperspektive

Dem Gedanken folgend, dass Lernen immer individuell und persönlich ist, muss auch die Arbeit mit einem GWS an den individuellen Lernbedürfnissen der Schülerinnen und Schüler ausgerichtet sein. Wolfgang Menzel[1] hat vielfältige Wege aufgezeigt, wie Schülerinnen und Schüler durch selbstständiges Ausprobieren, Sortieren, Ordnen und Vergleichen in der Anbahnung eines eigenaktiven Regelbildungsprozesses unterstützt und angeleitet werden können. Eine gws-orientierte Wortauswahl stützt diesen Ansatz in besonderer Weise.

Von zentraler didaktischer Bedeutung erscheint die Einbettung eines GWS in einen funktionalen Grammatik- und (Recht-)Schreibunterricht. Dies kann u. a. gefördert werden

- durch die Verbindung des GWS mit der individuellen Fehlerkartei der Schülerinnen und Schüler.
- durch die Herstellung eines kontextualisierten (ganze Sätze) und individualisierten GWS-Lexikons der Schülerinnen und Schüler.
- durch spezifische Unterstützungsmaßnahmen für Kinder nicht deutscher Familiensprache, wie zum Beispiel die Bezeichnung der Kürze oder Länge des betonten Vokals.

Einbettung in funktionalen Grammatik- und Rechtschreibunterricht

Die Arbeitshefte der Reihe „Gezielt fördern" arbeiten bewusst gws-orientiert. In den Heften Rechtschreiben und Grammatik sind zudem ausgewählte Wörter aus dem GWS in der rechten Ecke der Kopfleiste abgedruckt. Zu diesem Material können vielseitige (wortschatzbezogene) Aufgabenstellungen formuliert werden

---

[1] Menzel, Wolfgang (1999): Grammatik-Werkstatt. Theorie und Praxis eines prozessorientierten Grammatikunterrichts für die Primar- und Sekundarstufe. Seelze-Velber: Kallmeyer.

Grundwortschatz

Übungsanregungen

1 Wörterdiktat
  a) Diktiere einem Partner / einer Partnerin die Wörter.
  b) Kontrolliert gemeinsam, ob alle Wörter richtig geschrieben sind.
  c) Jetzt diktiert dir dein Partner / deine Partnerin die Wörter.

2 Ordne die Wörter nach dem Alphabet.
  Schreibe sie geordnet in dein Heft.

3 Ist der Vokal lang oder kurz?
  a) Zeichne eine Tabelle in dein Heft.
  b) Trage die Wörter in die richtige Spalte ein.

Starthilfe

langer Vokal	kurzer Vokal
der Ofen	...

4 a) Zeichne eine Tabelle in dein Heft.
  b) Trage die Nomen, die Verben und die Adjektive ein.

Starthilfe

Nomen	Verben	Adverbien
die Birne	...	...
		...

5 Suche zu einem Wort so viele Verwandte wie möglich.
  Tipp: Das Wörterbuch hilft dir dabei.

Starthilfe
  fahren, das **Fahr**rad, ...

6 Finde Reimwörter.
  Schreibe Sie auf.

7 a) Schreibe die Wörter in dein Heft ab.
  b) Bilde mit jedem Wort einen Satz.
    Schreibe ihn auf.

8 Bilde mit den Wörtern Sätze.
  Verwende dabei möglichst viele der Wörter in einem Satz.

9 Finde alle Wörter mit mindestens drei Konsonanten in Folge.
  Schreibe sie auf.

Grundwortschatz

Alphabetische Sortierung

Hinweis: Bei der alphabetischen Sortierung sind ein paar wenige Wörter mehrfach, da verschiedenen Wortarten zugehörig.

ab	aussehen	das Bild	dann	einige	fassen
der Abend	außen	billig	daran	einkaufen	fast
abends	außer	bin	darauf	einmal	fehlen
aber	außerdem	die Birne	darin	eins	der Fehler
aber	das Auto	bis	darum	einschlafen	feiern
acht	das Baby	bisschen	das	einsteigen	fein
ähnlich	der Bach	bitten	dass	das Eis	das Feld
ähnlich	backen	das Blatt	dauern	die Eisenbahn	das Fenster
alle	der Bäcker	blau	davon	die Eltern	die Ferien
allein	baden	bleiben	dazu	das Ende	fernsehen
allein	die Bahn	blicken	die Decke	endlich	der Fernseher
alles	der Bahnhof	blind	dein	endlich	fertig
als	bald	der Blitz	dem	eng	das Fest
also	der Ball	bloß	den	entdecken	fest
alt	die Banane	blühen	denken	die Ente	das Fett
am	die Bank	die Blume	denn	die Entfernung	fett
am	der Bauch	das Blut	der	entgegen	das Feuer
die Ampel	bauen	bluten	des	entgegen	fiel
an	der Bauer	der Boden	deshalb	entwickeln	finden
andere	der Baum	bohren	deutlich	er	der Finger
anders	beginnen	das Boot	deutsch	die Erde	der Fisch
anfangen	behalten	böse	dich	das Ergebnis	die Flasche
die Angst	bei	boxen	dick	erkennen	das Fleisch
ängstlich	beide	brauchen	die	erklären	fleißig
ankommen	beim	braun	der Dienstag	erlauben	fliegen
anrufen	das Bein	brechen	dir	erleben	fließen
ansehen	beinahe	breit	doch	das Erlebnis	das Flugzeug
die Antwort	das Beispiel	die Bremse	dort	erschrecken	der Fluss
antworten	beißen	bremsen	draußen	erst	die Frage
anziehen	bekommen	brennen	drehen	der/die/das Erste	fragen
der Apfel	bellen	der Brief	drei	erwidern	die Frau
der April	belohnen	Brille	drücken	erzählen	frei
die Arbeit	das Benzin	bringen	du	es	der Freitag
arbeiten	beobachten	das Brot	dumm	das Essen	fremd
der Ärger	bequem	die Brücke	dunkel	essen	fressen
ärgerlich	bereits	der Bruder	dünn	etwas	die Freude
ärgern	der Berg	das Buch	durch	euch	freuen
der Arm	der Beruf	bunt	dürfen	euer	der Freund
arm	berühmt	der Bus	der Durst	der Euro	die Freundin
der Arzt	der Bescheid	die Butter	eben	die Fabrik	freundlich
der Ast	besonders	der Cent	ebenso	fahren	der Frieden
auch	besser	der Clown	ebenso	der Fahrer	friedlich
auf	bestellen	der Computer	die Ecke	das Fahrrad	frieren
aufheben	bestimmt	da	ehrlich	die Fahrt	frisch
aufhören	bestimmt	dabei	das Ei	fährt	froh
aufpassen	der Besuch	das Dach	eigentlich	der Fall	fröhlich
aufräumen	besuchen	dafür	ein	fallen	früh
aufstehen	das Bett	damit	einer	fällt	der Frühling
aufwachen	bevor	damit	einer	falsch	das Frühstück
das Auge	bewegen	der Dampf	einfach	die Familie	der Fuchs
Augenblick	bezahlen	danach	einfach	fangen	fühlen
aus	biegen	danken	einige	die Farbe	führen

Grundwortschatz

Alphabetische Sortierung

füllen	der Gruß	der Hund	klug	ließ	der Mut
fünf	grüßen	hundert	das Knie	links	mutig
für	gucken	der Hunger	der Knopf	das Loch	die Mutter
furchtbar	gut	hungrig	kochen	der Löffel	die Mütze
der Fuß	das Haar	hüpfen	der Koffer	der Lohn	nach
der Fußball	haben	der Hut	die Kohle	los	der Nachbar
das Futter	halb	ich	komisch	loslassen	nachdem
füttern	der Hals	die Idee	kommen	die Luft	nachher
ganz	hält	ihm	der König	die Lust	der Nachmittag
ganz	halten	ihn	können	lustig	nächste
die Garage	die Hand	ihnen	der Kopf	machen	die Nacht
der Garten	das Handy	ihr	der Korb	das Mädchen	nah
der Gast	hängen	im	der Körper	mal	die Nähe
das Gebäude	hart	immer	kosten	malen	nähen
geben	der Hase	in	kräftig	die Mama	der Name
der Geburtstag	hat	innen	krank	man	nämlich
die Gefahr	das Haus	ins	das Krankenhaus	manchmal	die Nase
gefährlich	die Haut	interessant	der Kreis	der Mann	nass
gefallen	heiß	das Interesse	das Kreuz	der Mantel	natürlich
gegen	heißen	interessieren	die Kreuzung	der März	der Nebel
gehen	heizen	irgend	kriechen	die Maschine	neben
gehören	die Heizung	irgendwo	der Krieg	das Maß	nehmen
gelb	helfen	ist	kriegen	die Mauer	nein
das Geld	hell	ja	die Küche	die Maus	nennen
das Gemüse	das Hemd	das Jahr	der Kuchen	das Meer	das Nest
gemütlich	her	jeder	die Kuh	das Mehl	nett
genau	heraus	jemand	kühl	mehr	neu
genug	der Herbst	jetzt	die Kurve	mein	neugierig
gerade	herein	der Juli	kurz	meinen	neun
gern	der Herr	jung	küssen	meistens	nicht
das Geschäft	herum	der Junge	lachen	der Mensch	nichts
geschehen	herunter	Juni	das Land	merken	nie
das Geschenk	das Herz	der Kaffee	lang	messen	niemals
die Geschichte	heute	kalt	langsam	das Messer	niemand
geschieht	hier	kämmen	der Lärm	der Meter	nimmt
das Gesicht	die Hilfe	kann	lassen	mich	nirgends
gestern	der Himmel	kaputt	laufen	die Milch	noch
gesund	hin	die Karte	laut	die Minute	der November
gewinnen	hinauf	die Kartoffel	das Leben	mir	die Nummer
das Gewitter	hinaus	die Kasse	leben	mit	nun
gibt	hinein	die Katze	leer	der Mittag	nur
gießen	hinfallen	kaufen	legen	die Mitte	die Nuss
das Glas	hinten	kein	der Lehrer	der Mittwoch	ob
glatt	hinter	der Keller	die Lehrerin	mögen	oben
glauben	hinterher	kennen	leicht	möglich	das Obst
gleich	die Hitze	das Kind	leise	der Moment	oder
gleich	hoch	das Kino	lernen	der Monat	offen
das Glück	der Hof	die Kirche	lesen	der Montag	öffnen
glücklich	hoffen	die Kiste	letzte	der Morgen	oft
der Gott	hoffentlich	klar	leuchten	morgen	ohne
das Gras	die Höhe	die Klasse	die Leute	morgens	das Ohr
grau	hohl	das Kleid	das Licht	der Motor	die Oma
groß	holen	klein	lieb	müde	der Onkel
größer	das Holz	klettern	lieben	der Mund	der Opa
grün	hören	klingeln	das Lied	die Musik	der Ort
die Gruppe	die Hose	klopfen	liegen	müssen	das Ostern

33

Grundwortschatz

Alphabetische Sortierung

das Paar	rutschen	die Schwester	still	überall	während
paar	die Sache	schwierig	die Stimme	überlegen	die Wahrheit
packen	der Sack	schwimmen	der Stock	überqueren	der Wald
das Paket	sagen	sechs	der Stoff	übrig	die Wand
das Papier	das Salz	der See	stoßen	die Uhr	wann
passen	sammeln	sehen	die Straße	um	warm
passieren	der Samstag	sehr	der Strauß	umziehen	die Wärme
die Pause	der Sand	sein	der Streit	und	warten
die Pfeife	der Satz	seit	streiten	der Unfall	warum
das Pferd	sauber	die Seite	der Strom	ungefähr	was
die Pflanze	schaffen	der Sessel	der Strumpf	das Unglück	waschen
pflanzen	scharf	setzen	das Stück	uns	das Wasser
pflegen	schauen	sich	der Stuhl	unser	wechseln
pflücken	scheinen	sicher	die Stunde	unten	wecken
der Platz	schenken	sie	der Sturm	unter	der Wecker
plötzlich	die Schere	sieben	stürzen	der Unterricht	Weg
die Polizei	schicken	sieben	suchen	untersuchen	weg
der Polizist	schieben	siegen	süß	der Urlaub	wegen
die Post	schief	sieht	die Tafel	die Vase	wegnehmen
der Preis	schießen	sind	der Tag	der Vater	weich
probieren	das Schiff	singen	die Tante	verbieten	das Weihnachten
der Pullover	schimpfen	sitzen	tanzen	verbinden	weil
der Punkt	schlafen	so	die Tasche	vergessen	die Weile
die Puppe	schlagen	sofort	die Tasse	verkaufen	weinen
putzen	schlecht	sogar	tausend	der Verkehr	weiß
die Quelle	schleichen	der Sohn	der Tee	verlassen	weiß
das Rad	schließen	sollen	das Teil	verletzen	weit
raten	schließlich	der Sommer	teilen	die Verletzung	weiter
rauchen	schlimm	sondern	das Telefon	verlieren	weiter
der Raum	der Schlitten	die Sonne	der Teller	verschieden	weitergehen
rechnen	das Schloss	der Sonntag	der Teppich	verschwinden	welche
rechts	der Schluss	sonst	teuer	verstecken	die Welt
der Regen	der Schlüssel	spannend	der Text	verstehen	wem
regnen	schmecken	sparen	tief	versuchen	wenig
das Reh	schmutzig	der Spaß	das Tier	das Vieh	wenn
reich	der Schnee	spät	der Tisch	viel	wer
die Reihe	schneiden	der Spiegel	die Tochter	vielleicht	werden
die Reise	schnell	das Spiel	der Tod	vier	werfen
reisen	schon	spielen	tot	der Vogel	das Wetter
reißen	schön	spitz	tragen	das Volk	wichtig
reiten	der Schrank	die Spitze	der Traum	voll	wie
rennen	der Schreck	sprechen	träumen	vom	wieder
der Rest	schrecklich	springen	traurig	von	wiegen
retten	schreiben	spritzen	treffen	vor	die Wiese
richtig	schreien	die Stadt	treiben	vorbei	will
riechen	die Schrift	der Stall	die Treppe	die Vorfahrt	der Wind
der Ring	der Schuh	stark	treten	vorher	der Winter
der Rock	die Schuld	der Staub	treu	vorn	wir
rollen	die Schule	stecken	trinken	die Vorsicht	wird
rot	der Schüler	stehen	trocken	vorsichtig	wirklich
der Rücken	die Schulter	stehlen	trotzdem	wach	wirklich
rufen	schwach	steigen	tun	wachsen	das Wissen
die Ruhe	der Schwanz	der Stein	die Tür	der Wagen	wissen
ruhig	schwarz	die Stelle	turnen	die Wahl	der Witz
rühren	das Schwein	stellen	üben	wählen	wo
rund	schwer	sterben	über	wahr	die Woche

Grundwortschatz

Alphabetische Sortierung

wohl	die Wurst	zeichnen	das Zeugnis	zuerst	zwei
wohnen	wütend	zeigen	ziehen	der Zug	zwischen
die Wohnung	die Zahl	die Zeit	das Ziel	zuletzt	zwölf
die Wolke	zahlen	die Zeitung	ziemlich	zum	
wollen	zählen	das Zelt	das Zimmer	zumachen	
das Wort	der Zahn	zerreißen	der Zoo	zur	
wünschen	zehn	der Zettel	zu	zusammen	

Grundwortschatz

Sortierung nach Wortarten

Nomen

der Abend	der Dampf	der Gast	die Kiste	der Montag	der Sack
die Ampel	die Decke	das Gebäude	die Klasse	der Morgen	das Salz
die Angst	der Dienstag	der Geburtstag	das Kleid	der Motor	der Samstag
die Antwort	der Durst	die Gefahr	das Knie	der Mund	der Sand
der Apfel	die Ecke	das Geld	der Knopf	die Musik	der Satz
der April	das Ei	das Gemüse	der Koffer	der Mut	die Schere
die Arbeit	das Eis	das Geschäft	die Kohle	die Mutter	das Schiff
der Ärger	die Eisenbahn	das Geschenk	der König	die Mütze	der Schlitten
der Arm	die Eltern	die Geschichte	der Kopf	der Nachbar	das Schloss
der Arzt	das Ende	das Gesicht	der Korb	der Nachmittag	der Schluss
der Ast	die Ente	das Gewitter	der Körper	die Nacht	der Schlüssel
das Auge	die Entfernung	das Glas	das Krankenhaus	die Nähe	der Schnee
der Augenblick	die Erde	das Glück	der Kreis	der Name	der Schrank
das Auto	das Ergebnis	der Gott	das Kreuz	die Nase	der Schreck
das Baby	das Erlebnis	das Gras	die Kreuzung	der Nebel	die Schrift
der Bach	der/die/das Erste	die Gruppe	der Krieg	das Nest	der Schuh
der Bäcker	das Essen	der Gruß	die Küche	der November	die Schuld
die Bahn	der Euro	das Haar	der Kuchen	die Nummer	die Schule
der Bahnhof	die Fabrik	der Hals	die Kuh	die Nuss	die Schüler
der Ball	der Fahrer	die Hand	die Kurve	das Obst	die Schulter
die Banane	das Fahrrad	das Handy	das Land	das Ohr	der Schwanz
die Bank	die Fahrt	der Hase	der Lärm	die Oma	das Schwein
der Bauch	der Fall	das Haus	das Leben	der Opa	die Schwester
der Bauer	die Familie	die Haut	der Lehrer	der Onkel	der See
der Baum	die Farbe	die Heizung	die Lehrerin	der Ort	die Seite
das Bein	der Fehler	das Hemd	die Leute	das Ostern	der Sessel
das Beispiel	das Feld	der Herbst	das Licht	das Paar	der Sohn
das Benzin	das Fenster	der Herr	das Lied	das Paket	der Sommer
der Berg	die Ferien	das Herz	das Loch	das Papier	die Sonne
der Beruf	der Fernseher	die Hilfe	der Löffel	die Pause	der Sonntag
der Bescheid	das Fest	der Himmel	der Lohn	die Pfeife	der Spaß
der Besuch	das Fett	die Hitze	die Luft	das Pferd	der Spiegel
das Bett	das Feuer	der Hof	die Lust	die Pflanze	das Spiel
das Bild	der Finger	die Höhe	das Mädchen	der Platz	die Spitze
die Birne	der Fisch	das Holz	die Mama	die Polizei	die Stadt
das Blatt	die Flasche	die Hose	der Mann	der Polizist	der Stall
der Blitz	das Fleisch	der Hund	der Mantel	die Post	der Staub
die Blume	das Flugzeug	der Hunger	der März	der Preis	der Stein
das Blut	der Fluss	der Hut	die Maschine	der Pullover	die Stelle
der Boden	die Frage	die Idee	das Maß	der Punkt	die Stimme
das Boot	die Frau	das Interesse	die Mauer	die Puppe	der Stock
die Bremse	der Freitag	das Jahr	die Maus	die Quelle	der Stoff
der Brief	die Freude	der Juli	da Meer	das Rad	die Straße
die Brille	der Freund	der Junge	das Mehl	der Raum	der Strauß
das Brot	die Freundin	der Juni	der Mensch	der Regen	der Streit
die Brücke	der Frieden	der Kaffee	das Messer	das Reh	der Strom
der Bruder	der Frühling	die Karte	der Meter	die Reihe	der Strumpf
das Buch	das Frühstück	die Kartoffel	die Milch	die Reise	das Stück
der Bus	der Fuchs	die Kasse	die Minute	der Rest	der Stuhl
die Butter	der Fuß	die Katze	der Mittag	der Ring	die Stunde
der Cent	der Fußball	der Keller	die Mitte	der Rock	der Sturm
der Clown	das Futter	das Kind	der Mittwoch	der Rücken	die Tafel
der Computer	die Garage	das Kino	der Moment	die Ruhe	der Tag
das Dach	der Garten	die Kirche	der Monat	die Sache	die Tante

Grundwortschatz

Sortierung nach Wortarten

die Tasche	der Traum	das Vieh	der Wecker	die Wohnung	das Zimmer
die Tasse	die Treppe	der Vogel	der Weg	die Wolke	der Zoo
der Tee	die Tür	das Volk	das Weihnachten	das Wort	der Zug
das Teil	die Uhr	die Vorfahrt	die Weile	die Wurst	
das Telefon	der Unfall	die Vorsicht	die Welt	die Zahl	
der Teller	das Unglück	der Wagen	das Wetter	der Zahn	
der Teppich	der Unterricht	die Wahl	die Wiese	die Zeit	
der Text	der Urlaub	die Wahrheit	der Wind	die Zeitung	
das Tier	die Vase	der Wald	der Winter	das Zelt	
der Tisch	der Vater	die Wand	das Wissen	der Zettel	
die Tochter	der Verkehr	die Wärme	der Witz	das Zeugnis	
der Tod	die Verletzung	das Wasser	die Woche	das Ziel	

Adjektive

ähnlich	einfach	gesund	krank	reich	teuer
alt	einige	glatt	kühl	richtig	tief
ängstlich	endlich	gleich	kurz	rot	tot
ärgerlich	eng	glücklich	lang	ruhig	traurig
arm	falsch	grau	langsam	rund	treu
beide	fein	groß	laut	sauber	trocken
bequem	fertig	größer	leer	scharf	übrig
berühmt	fest	grün	leicht	schief	ungefähr
besser	fett	gut	leise	schlecht	verschieden
bestimmt	fleißig	halb	letzte	schlimm	viel
billig	frei	hart	lieb	schmutzig	voll
blau	fremd	heiß	lustig	schnell	vorsichtig
blind	freundlich	hell	mehr	schön	wach
böse	friedlich	hoch	möglich	schrecklich	wahr
braun	frisch	hohl	müde	schwach	warm
breit	froh	hungrig	mutig	schwarz	weich
bunt	fröhlich	interessant	nächste	schwer	weiß
deutlich	früh	jung	nah	schwierig	weit
deutsch	furchtbar	kalt	nass	sicher	weiter
dick	ganz	kaputt	natürlich	spannend	wenig
dumm	gefährlich	klar	nett	spät	wichtig
dunkel	gelb	klein	neu	spitz	wirklich
dünn	gemütlich	klug	neugierig	stark	wütend
eben	genau	komisch	offen	still	ziemlich
ehrlich	gerade	kräftig	plötzlich	süß	

Verben ...

anfangen	aussehen	bewegen	brennen	erklären	feiern
ankommen	backen	bezahlen	bringen	erlauben	fernsehen
anrufen	baden	biegen	danken	erleben	fiel
ansehen	bauen	bin	dauern	erschrecken	finden
antworten	beginnen	bitten	denken	erwidern	fliegen
anziehen	behalten	bleiben	drehen	erzählen	fließen
arbeiten	beißen	blicken	drücken	essen	fragen
ärgern	bekommen	blühen	dürfen	fahren	fressen
aufheben	bellen	bluten	einkaufen	fährt	freuen
aufhören	belohnen	bohren	einschlafen	fallen	frieren
aufpassen	beobachten	boxen	einsteigen	fällt	fühlen
aufräumen	bestellen	brauchen	entdecken	fangen	führen
aufstehen	bestimmt	brechen	entwickeln	fassen	füllen
aufwachen	besuchen	bremsen	erkennen	fehlen	füttern

37

Grundwortschatz

Sortierung nach Wortarten

geben	klettern	nennen	schicken	stellen	versuchen
gefallen	klingeln	nimmt	schieben	sterben	wachsen
gehen	klopfen	öffnen	schießen	stoßen	wählen
gehören	kochen	packen	schimpfen	streiten	warten
geschehen	kommen	passen	schlafen	stürzen	waschen
geschieht	können	passieren	schlagen	suchen	wechseln
gewinnen	kosten	pflanzen	schleichen	tanzen	wecken
gibt	kriechen	pflegen	schließen	teilen	wegnehmen
gießen	kriegen	pflücken	schmecken	tragen	weinen
glauben	küssen	probieren	schneiden	träumen	weiß
grüßen	lachen	putzen	schreiben	treffen	weitergehen
gucken	lassen	raten	schreien	treiben	werden
haben	laufen	rauchen	schwimmen	treten	werfen
hält	leben	rechnen	sehen	trinken	wiegen
halten	legen	regnen	setzen	tun	will
hängen	lernen	reisen	sieben	turnen	wird
hat	lesen	reißen	siegen	üben	wissen
heißen	leuchten	reiten	sieht	überlegen	wohnen
heizen	lieben	rennen	sind	überqueren	wollen
helfen	liegen	retten	singen	umziehen	wünschen
hinfallen	ließ	riechen	sitzen	untersuchen	zahlen
hoffen	loslassen	rollen	sollen	verbieten	zählen
holen	machen	rufen	sparen	verbinden	zeichnen
hören	malen	rühren	spielen	vergessen	zeigen
hüpfen	meinen	rutschen	sprechen	verkaufen	zerreißen
interessieren	merken	sagen	springen	verlassen	ziehen
ist	messen	sammeln	spritzen	verletzen	zumachen
kämmen	mögen	schaffen	stecken	verlieren	
kann	müssen	schauen	stehen	verschwinden	
kaufen	nähen	scheinen	stehlen	verstecken	
kennen	nehmen	schenken	steigen	verstehen	

... davon lautverändernd

anfangen	einsteigen	gibt	nehmen	sind	verlieren
ankommen	erkennen	gießen	nennen	singen	verschwinden
anrufen	erschrecken	hält	nimmt	sitzen	verstehen
ansehen	essen	halten	raten	sprechen	wachsen
anziehen	fahren	hängen	reißen	springen	waschen
aufheben	fährt	heißen	reiten	stehen	wegnehmen
aufstehen	fallen	helfen	rennen	stehlen	weiß
aussehen	fällt	hinfallen	riechen	steigen	weitergehen
beginnen	fangen	ist	rufen	sterben	werden
behalten	fernsehen	kann	scheinen	stoßen	werfen
beißen	fiel	kennen	schieben	streiten	wiegen
bekommen	finden	kommen	schießen	tragen	will
biegen	fliegen	können	schlafen	treffen	wird
bin	fließen	kriechen	schlagen	treiben	wissen
bitten	fressen	lassen	schleichen	treten	wollen
bleiben	frieren	laufen	schließen	trinken	zerreißen
brechen	geben	lesen	schneiden	tun	ziehen
brennen	gefallen	liegen	schreiben	umziehen	
bringen	gehen	ließ	schreien	verbieten	
denken	geschehen	loslassen	schwimmen	verbinden	
dürfen	geschieht	messen	sehen	vergessen	
einschlafen	gewinnen	mögen	sieht	verlassen	

Grundwortschatz

Sortierung nach Wortarten

Adverbien

abends	danach	entgegen	hinaus	nie	vorbei
aber	dann	erst	hinein	niemals	vorher
alle	daran	fast	hinten	nirgends	wann
allein	darauf	ganz	hinterher	nun	warum
also	darin	genug	hoffentlich	nur	weg
anders	darum	gern	immer	oben	weiter
außen	davon	gestern	innen	oft	wieder
außerdem	dazu	gleich	irgendwo	rechts	wirklich
bald	deshalb	her	jetzt	schließlich	wo
beinahe	dort	heraus	links	sehr	wohl
bereits	draußen	herein	los	sofort	zuerst
besonders	ebenso	herum	mal	sogar	zuletzt
bisschen	eigentlich	herunter	manchmal	sonst	zusammen
bloß	einfach	heute	meistens	trotzdem	
dabei	einmal	hier	morgen	überall	
dafür	eins	hin	morgens	unten	
damit	endlich	hinauf	nachher	vielleicht	

Artikel

das	der	die	einer
dem	des	ein	

Konjunktionen

aber	bevor	denn	nämlich	so	wenn
allein	da	doch	noch	sondern	
als	damit	ebenso	ob	und	
auch	dass	nachdem	oder	weil	

Partikel

am	ja	nein	nicht	schon	wie

Präpositionen

ab	bei	hinter	neben	von	zur
ähnlich	beim	im	ohne	vor	zwischen
am	bis	in	seit	vorn	
an	durch	ins	über	während	
auf	entgegen	man	um	wegen	
aus	für	mit	unter	zu	
außer	gegen	nach	vom	zum	

Pronomen

andere	einer	ich	jeder	sein	welche
dein	einige	ihm	jemand	sich	wem
den	er	ihn	mein	sie	wer
dich	es	ihnen	mich	uns	wir
dir	euch	ihr	mir	unser	
du	euer	irgend	niemand	was	

Zahlwörter

acht	etwas	kein	paar	tausend	zwei
alles	fünf	neun	sechs	vier	zwölf
drei	hundert	nichts	sieben	zehn	

Grundwortschatz

Sortierung nach Sachgruppen

Äußere Erscheinung

alt	dünn	glatt	hoch	kühl	sauber
braun	fein	grau	hohl	kurz	schmutzig
breit	fest	groß	kaputt	lang	schwarz
bunt	fett	größer	klar	nass	spitz
dick	frisch	grün	klein	rot	weich
dunkel	gelb	hell	kräftig	rund	weiß

Bildung

das Buch	die Frage	lernen	schreiben	die Tafel	das Wort
dumm	fragen	lesen	die Schrift	der Text	zeichnen
erklären	die Klasse	das Papier	die Schule	der Unterricht	das Zeugnis
erlauben	der Lehrer	rechnen	der Schüler	das Wissen	
der Fehler	die Lehrerin	der Satz	die Seite	wissen	

Essen, Trinken

der Apfel	das Eis	fressen	die Kartoffel	das Obst	der Teller
backen	die Ente	das Frühstück	kochen	pflücken	trinken
die Banane	das Essen	füttern	der Kuchen	probieren	die Wurst
die Birne	essen	das Gemüse	der Löffel	rühren	
das Brot	das Fett	das Glas	das Mehl	das Salz	
die Butter	der Fisch	der Hunger	das Messer	sammeln	
der Durst	die Flasche	hungrig	die Milch	die Tasse	
das Ei	das Fleisch	der Kaffee	die Nuss	der Tee	

Familie, Verwandte, Bekannte

der Bruder	heißen	der Nachbar	die Oma	das Paar	die Tante
die Eltern	die Mama	der Name	der Onkel	die Schwester	die Tochter
die Familie	die Mutter	nennen	der Opa	der Sohn	der Vater

Gefühl, Wahrnehmung

die Angst	erkennen	das Glück	leicht	schlimm	der Streit
ängstlich	erschrecken	glücklich	leise	schmecken	süß
der Ärger	falsch	gucken	lieb	schön	der Traum
ärgerlich	die Freude	gut	lieben	der Schreck	träumen
ärgern	freuen	hart	die Lust	schrecklich	traurig
aufpassen	frieren	heiß	lustig	die Schuld	das Unglück
aussehen	froh	hoffen	mögen	schwach	verstehen
belohnen	fröhlich	hoffentlich	müde	schwer	die Vorsicht
beobachten	fühlen	hören	nett	schwierig	warm
bequem	furchtbar	die Idee	riechen	sehen	weinen
besser	die Gefahr	kalt	ruhig	sieht	der Witz
blau	gefährlich	komisch	scharf	spannend	wütend
böse	gefallen	küssen	schimpfen	der Spaß	
einschlafen	gemütlich	lachen	schlafen	stark	
entdecken	gern	laut	schlecht	still	

Geist, Verstand, Charakter

aufräumen	freundlich	das Interesse	der Mut	vergessen	die Wahrheit
denken	friedlich	interessieren	mutig	vorsichtig	
ehrlich	helfen	klug	stehlen	die Wahl	
fleißig	interessant	können	treu	wahr	

Grundwortschatz

Sortierung nach Sachgruppen

Geschäftsleben

die Arbeit	der Beruf	der Cent	die Kasse	schaffen	zahlen
arbeiten	der Bescheid	einkaufen	kaufen	sparen	zählen
der Bäcker	bestellen	der Euro	kosten	teuer	
die Bank	bezahlen	das Geld	der Lohn	verkaufen	
der Bauer	billig	das Geschäft	der Preis	wiegen	

Geselligkeit

der Besuch	das Fest	der Geburtstag	kennen	das Lied	treffen
besuchen	der Freund	das Geschenk	das Kino	die Musik	der Urlaub
erzählen	die Freundin	die Gruppe	kommen	schenken	der Zoo
feiern	der Gast	grüßen	die Leute	singen	zusammen

Gesellschaft

arm	der Frieden	der Krieg	die Polizei	reich	das Volk
berühmt	der König	das Land	der Polizist	die Stadt	wählen

Gesundheit, Krankheit, Körperpflege

der Arzt	die Brille	krank	pflegen	der Tod	verbinden
baden	gesund	das Krankenhaus	putzen	tot	verletzen
blind	hinfallen	das Leben	rauchen	der Unfall	die Verletzung
bluten	kämmen	leben	sterben	untersuchen	waschen

Haus, Wohnung

bauen	das Fenster	die Heizung	die Mauer	der Stuhl	die Wand
das Bett	die Garage	der Hof	das Nest	der Teppich	wohnen
das Bild	der Garten	der Keller	der Schrank	der Tisch	die Wohnung
das Dach	das Gebäude	klingeln	der Sessel	die Treppe	das Zelt
die Decke	das Haus	die Kohle	der Spiegel	die Tür	das Zimmer
die Ecke	heizen	die Küche	der Stall	die Vase	

Kleidung, Schmuck

anziehen	der Hut	der Mantel	passen	der Rock	der Strumpf
das Hemd	das Kleid	die Mütze	der Pullover	der Schuh	die Tasche
die Hose	der Knopf	nähen	der Ring	der Stoff	

Kommunikation

anrufen	der Brief	der Fernseher	die Karte	das Telefon
ansehen	der Computer	der Gruß	das Paket	die Zeitung
antworten	fernsehen	das Handy	die Post	der Zettel

Körper

der Arm	das Blut	der Hals	das Kind	der Mensch	die Stimme
das Auge	der Finger	die Hand	das Knie	der Mund	wachsen
das Baby	die Frau	die Haut	der Kopf	die Nase	der Zahn
der Bauch	der Fuß	der Herr	der Körper	das Ohr	
das Bein	das Gesicht	das Herz	das Mädchen	der Rücken	
blicken	das Haar	der Junge	der Mann	die Schulter	

41

Grundwortschatz

Sortierung nach Sachgruppen

Natur

der Ast	brennen	das Futter	die Luft	der Sand	der Vogel
der Bach	die Erde	das Gras	die Maus	der Schwanz	der Wald
der Baum	das Feld	der Hase	das Meer	das Schwein	das Wasser
der Berg	das Feuer	der Himmel	das Pferd	der See	die Wiese
das Blatt	fließen	das Holz	die Pflanze	der Staub	
blühen	der Fluss	der Hund	pflanzen	der Stein	
die Blume	der Frühling	die Katze	die Quelle	das Tier	
der Boden	der Fuchs	die Kuh	das Reh	das Vieh	

Raum-, Lageangabe

aufheben	eng	hinter	Mitte	der Platz	überqueren
außen	die Entfernung	hinterher	nächste	der Punkt	umziehen
behalten	genau	die Höhe	nah	der Raum	unten
beim	gerade	im	die Nähe	rechts	unter
beinahe	heraus	in	neben	die Reihe	vorn
daran	herein	innen	nirgends	schief	der Weg
darauf	hier	ins	die Nummer	die Spitze	weit
darin	hinauf	irgendwo	oben	die Stelle	weiter
dort	hinaus	links	offen	tief	die Welt
draußen	hinein	messen	öffnen	über	wo
eben	hinten	der Meter	der Ort	überall	das Ziel

Religion

glauben	der Gott	die Kirche	das Kreuz	das Ostern	das Weihnachten

Spiel, Sport

der Ball	hüpfen	die Puppe	schwimmen	streiten	üben
boxen	klettern	rennen	das Spiel	stürzen	werfen
erleben	laufen	rutschen	spielen	tanzen	
der Fußball	malen	der Schlitten	springen	turnen	

Technik

biegen	entwickeln	das Licht	der Motor	das Schloss	die Wärme
bohren	die Fabrik	die Maschine	die Pfeife	der Schlüssel	der Wecker
der Dampf	der Lärm	das Maß	die Schere	der Strom	

Verkehr

die Ampel	die Bremse	der Fahrer	gehen	reisen	die Vorfahrt
das Auto	bremsen	das Fahrrad	der Koffer	reiten	der Wagen
die Bahn	die Brücke	die Fahrt	die Kreuzung	schicken	der Zug
der Bahnhof	der Bus	fährt	die Kurve	das Schiff	
das Benzin	die Eisenbahn	fliegen	das Rad	die Straße	
das Boot	fahren	das Flugzeug	die Reise	der Verkehr	

Wetter, Klima

der Blitz	der Nebel	scheinen	der Sturm	die Wolke
das Gewitter	der Regen	der Schnee	das Wetter	
die Hitze	regnen	die Sonne	der Wind	

Grundwortschatz

Sortierung nach Sachgruppen

Zahl, Mengenangabe

acht	einige	genug	neun	der Strauß	voll
alle	einmal	gleich	nichts	das Stück	wenig
allein	eins	halb	ohne	tausend	die Zahl
alles	erst	hundert	paar	das Teil	zehn
beide	der/die/das Erste	immer	der Rest	übrig	ziemlich
bisschen	etwas	kein	sechs	ungefähr	zwei
drei	fünf	leer	sehr	viel	zwölf
einfach	ganz	mehr	sieben	vier	

Zeitangabe

der Abend	dauern	jetzt	der Montag	nun	die Stunde
abends	der Dienstag	der Juli	morgen	oft	der Tag
anfangen	das Ende	der Juni	der Morgen	die Pause	die Uhr
ankommen	endlich	langsam	morgens	plötzlich	vorher
der April	die Ferien	letzte	nach	der Samstag	während
aufhören	fertig	manchmal	nachdem	schließlich	wann
aufwachen	der Freitag	der März	nachher	der Schluss	die Weile
der Augenblick	früh	meistens	der Nachmittag	schnell	der Winter
bald	die Geschichte	die Minute	die Nacht	seit	die Woche
beginnen	gestern	der Mittag	neu	sofort	die Zeit
bevor	der Herbst	der Mittwoch	nie	der Sommer	zuerst
danach	heute	der Moment	niemals	Sonntag	zuletzt
dann	das Jahr	der Monat	der November	spät	

Grundwortschatz

Sortierung nach Sachgruppen

Ohne Angabe

ab	die	herum	packen	uns
aber	dir	herunter	passieren	unser
ähnlich	doch	die Hilfe	raten	verbieten
als	drehen	hin	reißen	verlassen
also	drücken	holen	retten	verlieren
am	du	ich	richtig	verschieden
an	durch	ihm	rollen	verschwinden
andere	dürfen	ihn	rufen	verstecken
anders	ebenso	ihnen	die Ruhe	versuchen
die Antwort	eigentlich	ihr	die Sache	vielleicht
auch	ein	irgend	der Sack	vom
auf	einer	ist	sagen	von
aufstehen	einfach	ja	schauen	vor
aus	einige	jeder	schieben	vorbei
außer	einsteigen	jemand	schießen	wach
außerdem	entgegen	jung	schlagen	warten
bei	er	kann	schleichen	warum
das Beispiel	das Ergebnis	die Kiste	schließen	was
beißen	das Erlebnis	klopfen	schneiden	wechseln
bekommen	erwidern	der Korb	schon	wecken
bellen	es	der Kreis	schreien	weg
bereits	euch	kriechen	sein	wegen
besonders	euer	kriegen	setzen	wegnehmen
bestimmt	der Fall	lassen	sich	weil
bewegen	fallen	legen	sicher	weiß
bin	fällt	leuchten	sie	weiter
bis	fangen	liegen	sieben	weitergehen
bitten	die Farbe	ließ	siegen	welche
bleiben	fassen	das Loch	sind	wem
bloß	fast	los	sitzen	wenn
brauchen	fehlen	loslassen	so	wer
brechen	fiel	machen	sogar	werden
bringen	finden	mal	sollen	wichtig
der Clown	frei	man	sondern	wie
da	fremd	mein	sonst	wieder
dabei	führen	meinen	sprechen	will
dafür	füllen	merken	spritzen	wir
damit	für	mich	stecken	wird
danken	ganz	mir	stehen	wirklich
darum	geben	mit	steigen	wohl
das	gegen	möglich	stellen	wollen
dass	gehören	müssen	der Stock	wünschen
davon	geschehen	nämlich	stoßen	zeigen
dazu	geschieht	natürlich	suchen	zerreißen
dein	gewinnen	nehmen	teilen	ziehen
dem	gibt	nein	tragen	zu
den	gießen	neugierig	treiben	zum
denn	gleich	nicht	treten	zumachen
der	haben	niemand	trocken	zur
des	hält	nimmt	trotzdem	zwischen
deshalb	halten	noch	tun	
deutlich	hängen	nur	überlegen	
deutsch	hat	ob	um	
dich	her	oder	und	

Grundwortschatz

Flektierte Wortformen

besser	dich	fällt	hat	kann	sind
bestimmt	dir	fiel	ihm	ließ	uns
bin	einer	geschieht	ihn	mehr	weiß
dem	euch	gibt	ihnen	mir	weiter
den	euer	größer	ihr	nimmt	will
des	fährt	hält	ist	sieht	wird

Grundwortschatz

Sortierung nach rechtschriftlichen Einzelphänomenen

Auslautverhärtungen

Auslautverhärtung -b

ab	gelb	der Korb	ob	der Urlaub
deshalb	halb	lieb	der Staub	

Auslautverhärtung -d

der Abend	fremd	irgend	niemand	spannend	der Wind
bald	der Freund	jemand	das Pferd	tausend	wird
der Bescheid	das Geld	das Kind	das Rad	der Tod	wütend
das Bild	gesund	das Kleid	rund	und	
blind	die Hand	das Land	der Sand	während	
das Fahrrad	das Hemd	das Lied	die Schuld	der Wald	
das Feld	der Hund	der Mund	sind	die Wand	

Auslautverhärtung -g

der Berg	der Freitag	kräftig	der Nachmittag	schwierig	weg
billig	der Geburtstag	der Krieg	neugierig	der Sonntag	der Weg
der Dienstag	genug	lustig	richtig	der Tag	wenig
fertig	hungrig	der Mittag	ruhig	traurig	wichtig
fleißig	klug	der Montag	der Samstag	übrig	der Zug
das Flugzeug	der König	mutig	schmutzig	vorsichtig	

Vokalquantität – Langvokal

Dehnungs-h

ähnlich	das Fahrrad	hohl	der Lohn	der Stuhl	die Wahrheit
die Bahn	die Fahrt	ihm	das Mehl	die Uhr	wegnehmen
belohnen	fährt	ihn	mehr	ungefähr	wohl
berühmt	fehlen	ihnen	nehmen	der Verkehr	wohnen
bezahlen	der Fehler	ihr	ohne	das Vieh	die Wohnung
bohren	der Frühling	das Jahr	das Ohr	die Vorfahrt	die Zahl
die Eisenbahn	das Frühstück	die Kohle	rühren	die Wahl	zahlen
erzählen	fühlen	kühl	sehr	wählen	zählen
fahren	führen	der Lehrer	der Sohn	wahr	der Zahn
der Fahrer	die Gefahr	die Lehrerin	stehlen	während	zehn

Silbeninitiales-h

ansehen	beinahe	früh	nah	der Schuh	weitergehen
anziehen	blühen	gehen	die Nähe	sehen	ziehen
aufheben	deshalb	gehören	nähen	sieht	
aufhören	drehen	hinterher	das Reh	stehen	
aufstehen	fernsehen	die Höhe	die Reihe	umziehen	
aussehen	der Fernseher	das Krankenhaus	die Ruhe	verstehen	
behalten	froh	die Kuh	ruhig	vorher	

Doppelvokal

das Haar	das Paar	der Kaffee	das Meer	der See	das Boot
paar	die Idee	leer	der Schnee	der Tee	der Zoo

Grundwortschatz

Sortierung nach rechtschriftlichen Einzelphänomenen

Vokalquantität – Kurzvokal

Konsonantenverdopplung ck

der Augenblick	backen	der Bäcker	blicken

Konsonantenverdopplung ff

hoffen	der Kaffee	der Koffer	offen	schaffen	der Stoff
hoffentlich	die Kartoffel	der Löffel	öffnen	das Schiff	treffen

Konsonantenverdopplung ll

alle	billig	der Fußball	die Quelle	stellen	will
allein	die Brille	gefallen	rollen	still	wollen
alles	der Fall	hell	schnell	der Teller	
der Ball	fallen	hinfallen	sollen	überall	
bellen	fällt	der Keller	der Stall	der Unfall	
bestellen	füllen	der Pullover	die Stelle	voll	

Konsonantenverdopplung mm

ankommen	dumm	kämmen	die Nummer	schwimmen	das Zimmer
bekommen	der Himmel	kommen	sammeln	der Sommer	zusammen
bestimmt	immer	nimmt	schlimm	die Stimme	

Konsonantenverdopplung nn

beginnen	dünn	kann	nennen	spannend
brennen	erkennen	kennen	rennen	wann
dann	gewinnen	können	die Sonne	wenn
denn	innen	der Mann	der Sonntag	

Konsonantenverdopplung pp

die Gruppe	die Puppe	der Teppich	die Treppe

Konsonantenverdopplung rr

der Herr

Konsonantenverdopplung ss

aufpassen	essen	interessieren	messen	passieren	vergessen
aussehen	fassen	die Kasse	das Messer	das Schloss	verlassen
besser	der Fluss	die Klasse	müssen	der Schluss	das Wasser
bisschen	fressen	küssen	nass	der Schlüssel	das Wissen
dass	interessant	lassen	die Nuss	der Sessel	wissen
das Essen	das Interesse	loslassen	passen	die Tasse	

Konsonantenverdopplung tt

das Bett	fett	das Gewitter	klettern	die Mutter	der Schlitten
bitten	das Fett	glatt	der Mittag	der Nachmittag	das Wetter
das Blatt	das Futter	der Gott	die Mitte	nett	der Zettel
die Butter	füttern	kaputt	der Mittwoch	retten	

Grundwortschatz

Sortierung nach rechtschriftlichen Einzelphänomenen

Konsonantenverdopplung tz

der Blitz	letzte	putzen	sitzen	trotzdem	zuletzt
die Hitze	die Mütze	der Satz	spitz	verletzen	
jetzt	der Platz	schmutzig	die Spitze	die Verletzung	
die Katze	plötzlich	setzen	spritzen	der Witz	

weitere Einzelphänomene

äu
aufräumen
das Gebäude
träumen

eu
deutlich
deutsch
euch
euer
der Euro
das Feuer
das Flugzeug
die Freude
freuen
der Freund
die Freundin
freundlich
heute
das Kreuz
leuchten
die Leute
neu
neun
teuer
treu
das Zeugnis
neugierig
die Kreuzung

c
der Cent
der Clown
der Computer

ie
anziehen
das Beispiel
biegen
der Brief
die
der Dienstag
fiel
fliegen
der Frieden
friedlich
frieren
geschieht
hier
interessieren
das Knie
die Kreuzung
kriechen
der Krieg
kriegen
lieb
lieben
das Lied
liegen
neugierig
nie
niemals
niemand
das Papier
passieren
probieren
riechen
schieben
schief
schwierig
sie
sieben
siegen
sieht
der Spiegel
das Spiel
spielen
tief
das Tier
umziehen
wie
wieder
wiegen
die Wiese
ziehen
das Ziel
ziemlich
fließen
gießen
ließ
schießen
schließen
schließlich
verbieten
verlieren
verschieden
das Vieh
viel
vielleicht
vier

ih
ihm
ihn
ihnen
ihr

ng
anfangen
die Angst
ängstlich
bringen
eng
die Entfernung
fangen
der Finger
der Frühling
hängen
die Heizung
der Hunger
hungrig
jung
der Junge
klingeln
die Kreuzung
lang
langsam
der Ring
singen
springen
die Verletzung
die Wohnung
die Zeitung

pf
der Apfel
der Dampf
hüpfen
klopfen
der Knopf
der Kopf
die Pfeife
das Pferd
die Pflanze
pflanzen
pflegen
pflücken
schimpfen
der Strumpf

qu
die Quelle
überqueren

ß
außen
außer
außerdem
beißen
bloß
draußen
fleißig
fließen
der Fuß
der Fußball
gießen
groß
größer
der Gruß
grüßen
heiß
heißen
ließ
das Maß
reißen
schießen
schließen
schließlich
der Spaß
stoßen
die Straße
der Strauß
süß
weiß
zerreißen

v
bevor
davon
die Kurve
der November
der Pullover
die Vase
der Vater
verbinden
vergessen
verkaufen
der Verkehr
verlassen
verletzen
verschwinden
verstecken
verstehen
versuchen
der Vogel
das Volk
voll
vom
von
vor
vorbei
die Vorfahrt
vorher
vorn
die Vorsicht
vorsichtig
verbieten
verlieren
verschieden
das Vieh
viel
vielleicht
vier
die Verletzung

x-Laut

chs
der Fuchs
nächste
sechs
wachsen
wechseln

ks
links

x
boxen
der Text

Grundwortschatz

Sortierung nach rechtschriftlichen Einzelphänomenen

Konsonantenhäufung

abends	eigentlich	frisch	nichts	sonst	verstehen
acht	einschlafen	furchtbar	nirgends	sprechen	die Vorfahrt
die Angst	endlich	der Geburtstag	das Obst	springen	die Vorsicht
ängstlich	entdecken	gefährlich	die Pflanze	spritzen	vorsichtig
die Antwort	die Entfernung	die Geschichte	pflanzen	die Straße	die Wahrheit
antworten	entgegen	der Herbst	pflegen	der Strauß	das Weihnachten
der Arzt	entwickeln	hoffentlich	pflücken	der Streit	welche
aufstehen	erklären	irgendwo	plötzlich	streiten	wirklich
der Augenblick	erschrecken	jetzt	rechts	der Strom	die Wurst
berühmt	erst	letzte	der Samstag	der Strumpf	zeichnen
der Dampf	das Fenster	links	schimpfen	trotzdem	zuerst
der Dienstag	fernsehen	manchmal	schwach	der Unterricht	zuletzt
der Durst	der Fernseher	die Maschine	der Schwanz	verschwinden	zwischen
ehrlich	freundlich	nächste	schwarz	verstecken	

Lauttreue Wörter

Hinweis: Gemäß der alphabetischen Strategie wird jedem Phonem genau ein Graphem zugeordnet.

abends	bis	das Ende	gern	der Hut	merken
aber	blau	die Ente	gestern	im	der Meter
als	die Blume	entgegen	gibt	in	die Minute
also	das Blut	er	das Glas	ins	mir
alt	bluten	die Erde	glauben	ja	mögen
am	der Boden	das Ergebnis	das Gras	jeder	der Moment
die Ampel	böse	erlauben	grau	der Juli	der Monat
an	braun	erleben	grün	der Juni	morgen
andere	die Bremse	das Erlebnis	gut	kalt	der Morgen
anders	bremsen	erst	haben	die Karte	morgens
anrufen	das Brot	der/die/das Erste	der Hals	kaufen	der Motor
die Antwort	der Bruder	es	halten	das Kino	müde
antworten	bunt	etwas	hart	die Kiste	die Musik
der Apfel	der Bus	die Fabrik	der Hase	klar	der Mut
der April	da	die Familie	hat	klopfen	der Name
arm	dafür	die Farbe	das Haus	der Knopf	die Nase
der Arm	damit	fast	Haut	der Kopf	der Nebel
der Ast	der Dampf	das Fenster	helfen	der Körper	neben
auf	daran	die Ferien	her	kosten	das Nest
aufheben	darauf	fest	heraus	laufen	nirgends
aufhören	darin	das Fest	der Herbst	laut	nun
das Auge	darum	finden	herum	leben	nur
aus	das	die Frage	herunter	das Leben	oben
das Auto	dauern	fragen	die Hilfe	legen	das Obst
baden	dem	die Frau	hin	lernen	oder
die Banane	den	fünf	hinauf	lesen	oft
die Bank	der	für	hinaus	los	die Oma
bauen	des	der Garten	hinten	die Luft	der Ort
der Bauer	deshalb	der Gast	hinter	die Lust	das Ostern
der Baum	dort	geben	hinterher	mal	das Paket
behalten	du	der Geburtstag	der Hof	malen	die Pause
der Beruf	dürfen	gegen	holen	die Mama	pflegen
besonders	der Durst	gehören	hören	man	die Post
bewegen	eben	das Gemüse	die Hose	der Mantel	raten
bin	ebenso	genau	hundert	die Mauer	der Raum
die Birne	die Eltern	gerade	hüpfen	die Maus	der Regen

49

Grundwortschatz

Sortierung nach rechtschriftlichen Einzelphänomenen

regnen	sparen	tragen	unser	wer
der Rest	stark	der Traum	unten	werden
rot	sterben	treten	unter	werfen
rufen	der Strom	tun	der Wagen	der Winter
sagen	der Strumpf	die Tür	warm	wir
sauber	der Stunde	turnen	warten	wo
so	der Sturm	üben	warum	die Wolke
sofort	die Tafel	über	was	das Wort
sogar	die Tante	überlegen	wegen	die Wurst
sondern	das Telefon	um	die Welt	
sonst	tot	uns	wem	

Merkwörter

Hinweis: Merkwörter haben schwierige Rechtschreibung; sie müssen wortspezifisch eingeprägt werden.

Eintrag	Wortart	Grund für Merkwort	Eintrag	Wortart	Grund für Merkwort
Cent	Nomen	Buchstabe ‚C'	belohnen	Verb	Dehnungs-h
bevor	Konjunktion	Buchstabe ‚v'	berühmt	Adjektiv	Dehnungs-h
davon	Adverb	Buchstabe ‚v'	bezahlen	Verb	Dehnungs-h
die Kurve	Nomen	Buchstabe ‚v'	bohren	Verb	Dehnungs-h
der November	Nomen	Buchstabe ‚v'	die Eisenbahn	Nomen	Dehnungs-h
der Pullover	Nomen	Buchstabe ‚v'	erzählen	Verb	Dehnungs-h
die Vase	Nomen	Buchstabe ‚v'	fahren	Verb	Dehnungs-h
der Vater	Nomen	Buchstabe ‚v'	der Fahrer	Nomen	Dehnungs-h
viel	Adjektiv	Buchstabe ‚v'	das Fahrrad	Nomen	Dehnungs-h
vielleicht	Adverb	Buchstabe ‚v'	die Fahrt	Nomen	Dehnungs-h
vier	Zahlwort	Buchstabe ‚v'	fährt	Verb	Dehnungs-h
der Vogel	Nomen	Buchstabe ‚v'	fehlen	Verb	Dehnungs-h
das Volk	Nomen	Buchstabe ‚v'	der Fehler	Nomen	Dehnungs-h
voll	Adjektiv	Buchstabe ‚v'	der Frühling	Nomen	Dehnungs-h
vom	Präposition	Buchstabe ‚v'	das Frühstück	Nomen	Dehnungs-h
von	Präposition	Buchstabe ‚v'	fühlen	Verb	Dehnungs-h
vor	Präposition	Buchstabe ‚v'	führen	Verb	Dehnungs-h
vorn	Präposition	Buchstabe ‚v'	die Gefahr	Nomen	Dehnungs-h
boxen	Verb	Buchstabe ‚x'	hohl	Adjektiv	Dehnungs-h
der Text	Nomen	Buchstabe ‚x'	ihm	Pronomen	Dehnungs-h
das Handy	Nomen	Buchstabe ‚y'	ihn	Pronomen	Dehnungs-h
das Vieh	Nomen	Buchstaben ‚v' & ‚ieh'	ihnen	Pronomen	Dehnungs-h
die Stadt	Nomen	Buchstabenverbindung ‚dt'	ihr	Pronomen	Dehnungs-h
der Fuchs	Nomen	chs als ‚x' gesprochen	das Jahr	Nomen	Dehnungs-h
nächste	Adjektiv	‚chs' als ‚x' gesprochen	die Kohle	Nomen	Dehnungs-h
sechs	Zahlwort	‚chs' als ‚x' gesprochen	kühl	Adjektiv	Dehnungs-h
wachsen	Verb	‚chs' als ‚x' gesprochen	der Lehrer	Nomen	Dehnungs-h
wechseln	Verb	‚chs' als ‚x' gesprochen	die Lehrerin	Nomen	Dehnungs-h
ähnlich (1/2)	Adjektiv	Dehnungs-h	der Lohn	Nomen	Dehnungs-h
ähnlich (2/2)	Präposition	Dehnungs-h	das Mehl	Nomen	Dehnungs-h
die Bahn	Nomen	Dehnungs-h	mehr	Adjektiv	Dehnungs-h
der Bahnhof	Nomen	Dehnungs-h	nehmen	Verb	Dehnungs-h

Grundwortschatz

Sortierung nach rechtschriftlichen Einzelphänomenen

Eintrag	Wortart	Grund für Merkwort
ohne	Präposition	Dehnungs-h
das Ohr	Nomen	Dehnungs-h
rühren	Verb	Dehnungs-h
sehr	Adverb	Dehnungs-h
der Sohn	Nomen	Dehnungs-h
stehlen	Verb	Dehnungs-h
der Stuhl	Nomen	Dehnungs-h
die Uhr	Nomen	Dehnungs-h
ungefähr	Adjektiv	Dehnungs-h
der Verkehr	Nomen	Dehnungs-h
die Vorfahrt	Nomen	Dehnungs-h
die Wahl	Nomen	Dehnungs-h
wählen	Verb	Dehnungs-h
wahr	Adjektiv	Dehnungs-h
während	Präposition	Dehnungs-h
die Wahrheit	Nomen	Dehnungs-h
wegnehmen	Verb	Dehnungs-h
wohl	Adverb	Dehnungs-h
wohnen	Verb	Dehnungs-h
die Wohnung	Nomen	Dehnungs-h
die Zahl	Nomen	Dehnungs-h
zahlen	Verb	Dehnungs-h
zählen	Verb	Dehnungs-h
der Zahn	Nomen	Dehnungs-h
zehn	Zahlwort	Dehnungs-h
das Haar	Nomen	Doppelvokal ‚aa'
das Paar	Nomen	Doppelvokal ‚aa'
paar	Zahlwort	Doppelvokal ‚aa'
die Idee	Nomen	Doppelvokal ‚ee'
der Kaffee	Nomen	Doppelvokal ‚ee'
leer	Adjektiv	Doppelvokal ‚ee'
das Meer	Nomen	Doppelvokal ‚ee'
der Schnee	Nomen	Doppelvokal ‚ee'
der See	Nomen	Doppelvokal ‚ee'
der Tee	Nomen	Doppelvokal ‚ee'
das Boot	Nomen	Doppelvokal ‚oo'
der Zoo	Nomen	Doppelvokal ‚oo'
der Clown	Nomen	Fremdwort
der Computer	Nomen	Fremdwort
die Garage	Nomen	Fremdwort
das Baby	Nomen	Fremdwort (‚y')
ansehen	Verb	‚h' (Silbe)
anziehen	Verb	‚h' (Silbe)
aufstehen	Verb	‚h' (Silbe)
aussehen	Verb	‚h' (Silbe)
beinahe	Adverb	‚h' (Silbe)

Eintrag	Wortart	Grund für Merkwort
blühen	Verb	‚h' (Silbe)
deshalb	Adverb	‚h' (Silbe)
drehen	Verb	‚h' (Silbe)
fernsehen	Verb	‚h' (Silbe)
der Fernseher	Nomen	‚h' (Silbe)
froh	Adjektiv	‚h' (Silbe)
früh	Adjektiv	‚h' (Silbe)
gehen	Verb	‚h' (Silbe)
hinterher	Adverb	‚h' (Silbe)
die Höhe	Nomen	‚h' (Silbe)
das	Nomen	‚h' (Silbe)
die Kuh	Nomen	‚h' (Silbe)
die Nähe	Nomen	‚h' (Silbe)
nähen	Verb	‚h' (Silbe)
das Reh	Nomen	‚h' (Silbe)
die Reihe	Nomen	‚h' (Silbe)
die Ruhe	Nomen	‚h' (Silbe)
ruhig	Adjektiv	‚h' (Silbe)
der Schuh	Nomen	‚h' (Silbe)
sehen	Verb	‚h' (Silbe)
sieht	Verb	‚h' (Silbe)
stehen	Verb	‚h' (Silbe)
umziehen	Verb	‚h' (Silbe)
verstehen	Verb	‚h' (Silbe)
vorher	Adverb	‚h' (Silbe)
weitergehen	Verb	‚h' (Silbe)
ziehen	Verb	‚h' (Silbe)
links	Adverb	‚ks' im Auslaut
das Benzin	Nomen	langvokalisches ‚i'
dir	Pronomen	langvokalisches ‚i'
erwidern	Verb	langvokalisches ‚i'
die Maschine	Nomen	langvokalisches ‚i'
nämlich	Adjektiv	ohne Dehnungs-h
nah	Adjektiv	‚h' (Silbe)
bereits	Adverb	‚ts' im Auslaut
nichts	Zahlwort	‚ts' im Auslaut
rechts	Adverb	‚ts' im Auslaut

Grundwortschatz

Sortierung nach morphematischen Einzelphänomenen

Präfixe

an-
anfangen
ankommen
anrufen
ansehen
anziehen

auf-
aufheben
aufhören
aufpassen
aufräumen
aufstehen

aus-
aussehen

be-
der Bescheid
bestellen
bestimmt
der Besuch
besuchen

bevor
bewegen
bezahlen

ein-
einfach
einkaufen
einmal
einschlafen
einsteigen

ent-
entdecken
die Entfernung
entgegen
entwickeln

er-
das Ergebnis
erkennen
erklären
erlauben
erleben

das Erlebnis
erschrecken
erwidern
erzählen

ge-
das Gebäude
der Geburtstag
die Gefahr
gefährlich
gefallen
gehören
das Gemüse
gemütlich
das Geschäft
geschehen
das Geschenk
die Geschichte
das Gesicht
gesund
gewinnen

hin-
hinauf
hinaus
hinfallen

los-
loslassen

nach-
nachdem
nachher
der Nachmittag

über-
überall
überlegen
überqueren

un-
der Unfall
ungefähr
das Unglück

unter-
der Unterricht
untersuchen

ver-
verbieten
verbinden
vergessen
verkaufen
der Verkehr
verlassen
verletzen
die Verletzung
verlieren
verschieden
verschwinden
verstecken
verstehen
versuchen

vor-
vorbei
die Vorfahrt
vorher
vorn
die Vorsicht
vorsichtig

zer-
zerreißen

Suffixe

Hinweis: ohne Verben in der Grundform

-d
spannend
wütend

-er
der Ärger
der Bäcker
der Bauer
der Bruder
die Butter
der Fahrer
der Fehler
der Fernseher
das Fenster
der Finger
das Futter
das Gewitter
der Hunger

der Keller
der Koffer
der Körper
der Lehrer
die Mauer
das Messer
der Meter
die Mutter
der November
die Nummer
der Pullover
der Schüler
die Schulter
die Schwester
der Sommer
der Teller
die Tochter
der Vater

das Wasser
der Wecker
das Wetter
der Winter
das Zimmer

-in
die Freundin
die Lehrerin

-heit
die Wahrheit

-ig
billig
fertig
fleißig
hungrig
kräftig

lustig
mutig
neugierig
richtig
ruhig
schmutzig
schwierig
traurig
übrig
vorsichtig
wenig
wichtig

-isch
komisch

-lich
ähnlich

ängstlich
ärgerlich
deutlich
ehrlich
endlich
freundlich
friedlich
fröhlich
gefährlich
gemütlich
glücklich
möglich
nämlich
natürlich
plötzlich
schrecklich
wirklich
ziemlich

-nis
das Ergebnis
das Erlebnis
das Zeugnis

-sam
langsam

-ung
die Entfernung
die Heizung
die Kreuzung
die Verletzung
die Wohnung
die Zeitung

Komposita

der Augenblick
der Bahnhof
die Eisenbahn

das Fahrrad
fernsehen
der Fernseher

das Flugzeug
das Frühstück
der Fußball

der Geburtstag
das Krankenhaus
neugierig

wegnehmen
das Weihnachten

Teste dich!

Rechtschreiben 1

Name: _____ Datum: _____

Teste dich: Weißt du, wann ein Vokal **lang** und
wann ein Vokal **kurz** gesprochen wird?

Montags in der Klasse 6a

In der Mathestunde re☐☐nen die Schüler viele Aufgaben.

In der Deutschstunde le☐en sie ein Buch.

In der Kunststunde kle☐en sie ein Bild.

In der Pause re☐☐en alle Schüler auf den Schulhof.

ABC
| ch |
| s |
| b |
| nn |

❶ In den Sätzen fehlen bei manchen Wörtern Konsonanten.
  a) Vervollständige die Wörter.
  b) Wird das **e** lang oder kurz gesprochen?
     Kennzeichne das lange **e** mit einem Strich,
     kennzeichne das kurze **e** mit einem Punkt.
  c) Schreibe die Wörter geordnet auf die Linien.

langes **e**: _____

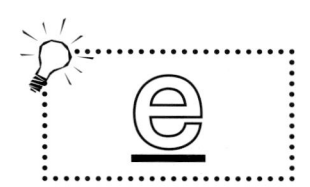

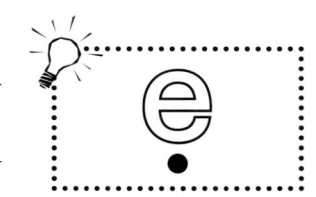

kurzes **e**: _____

e̲

ė

❷ Wird der Vokal in diesen Wörtern lang oder kurz gesprochen?
  a) Kennzeichne den langen Vokal mit einem Strich.
  b) Kennzeichne den kurzen Vokal mit einem Punkt.

die D**e**cke, das Sp**ie**l, der S**o**mmer, s**a**gen, die G**a**bel, das F**e**nster,

der S**a**tz, f**a**hren, die P**o**st, das M**ee**r, der Z**a**hn, m**ü**ssen

❸ Lang oder kurz?
  Ergänze die Regeln.

Stehen nach einem Vokal **zwei oder mehr Konsonanten**,

wird der Vokal meist _____ gesprochen.

Steht nach einem Vokal **nur ein Konsonant**,

wird der Vokal fast immer _____ gesprochen.

© 2006 Cornelsen Verlag, Berlin. Alle Rechte vorbehalten.

Teste dich!

Rechtschreiben 2

Name: _____   Datum: _____

Wird ein Wort am Ende mit **b** oder **d** oder **g** geschrieben?
Teste dich: Kennst du eine Strategie?

❶ Bei diesen Nomen fehlt der letzte Buchstabe.

ein Bil☐   ein Zwer☐   eine Han☐   ein Kor☐

a) Vervollständige die Worte.
b) Woher weißt du, welchen Buchstaben du schreiben musst?
   Beschreibe deine Strategie:

_____

_____

Bei diesen Wörtern hörst du nicht, wie du sie schreiben musst.

❷ Maria überlegt: *Muss ich hier ein **ä** oder ein **e** schreiben?*

Lisa f☐ngt den Ball.   Peter tr☐gt die Schultasche.

Boris f☐llt in das Loch.   Die Pflanze w☐chst schnell.

a) Vervollständige die Verben.
b) Gib Maria einen Tipp. Beschreibe deine Strategie:

_____

_____

❸ Maria fragt: *Und woher weiß ich, ob ich diese Wörter mit **äu** oder **eu** schreiben muss?*

die B☐☐me   die Tr☐☐me   die H☐☐ser   die M☐☐se

a) Vervollständige die Nomen.
b) Gib Maria einen Tipp. Beschreibe deine Strategie:

_____

_____

Teste dich!

Rechtschreiben 3

Name: _____ Datum: _____

Mehrere Wörter, die zusammengehören, bilden einen Satz.
Teste dich: Erkennst du Anfang und Ende von einem Satz?

❶ Hier stehen fünf Sätze. Es fehlen die Satzzeichen.
a) Ergänze die passenden Satzzeichen.
b) Streiche die kleingeschriebenen Wörter am Satzanfang durch.
   Schreibe sie richtig darüber.

hurra, heute hat Peter Geburtstag viele Freunde feiern

mit ihm gerade kommt Lena sie überreicht Peter

das Geschenk was ist in der Verpackung

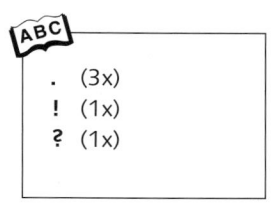

> . (3x)
> ! (1x)
> ? (1x)

Teste dich: Weißt du, wann du großschreiben musst?

❷ a) Schreibe die Wörter aus der Randspalte richtig auf die Linien.

Beim _____ fällt mir viel ein.

Zum _____ brauche ich Ruhe.

Und **das** _____ macht mir großen Spaß.

> MALEN
> LESEN
> BASTELN

b) Vervollständige die Regel.

Die Wörter **beim**, **zum** und **das** sind starke Wörter:

_____

_____

❸ Groß- oder Kleinschreibung?
Schreibe die Sätze richtig auf die Linien.

ICH MÖCHTE **ETWAS** SPANNENDES SEHEN.

ABER IM FERNSEHEN LÄUFT **NICHTS** NEUES.

_____

_____

Teste dich!

Lesetraining 1a

Name: _____ Datum: _____

Teste dich: Kannst du diesen Text gut lesen und verstehen?

Von Trockengebieten und Trockenpflanzen

⬚1⬚ _____

1. Auf der Erde gibt es sehr trockene Gebiete: **die Wüsten**.
2. **Es regnet** in Wüsten **nur selten**.
3. Manchmal regnet es jahrelang nicht.
4. Die Temperatur schwankt in Wüsten sehr stark:
5. Am Tag ist es sehr warm und in der Nacht ist es sehr kalt.
6. Weil es in Wüsten **sehr trocken** ist und
7. **die Temperatur schwankt**, wachsen dort nur **wenige Pflanzen**.

⬚2⬚ _____

8. **Pflanzen verlieren** bei Wärme **Wasser**. Das ist
9. wie bei den Menschen, wenn sie schwitzen.
10. Damit die Pflanzen **in der Wüste überleben** und
11. nicht vertrocknen, haben sie **besondere Merkmale**.

⬚3⬚ _____

12. Eine Pflanze in der Wüste ist zum Beispiel der Kaktus.
13. Ein Kaktus hat eine dicke Haut. Er hat oft auch eine Wachsschicht.
14. Die dicke Haut und die Wachsschicht verhindern, dass der Kaktus
15. Wasser verliert. Ein Kaktus hat außerdem Dornen.
16. Viele Dornen spenden der Haut Schatten.
17. Sie schützen so den Kaktus vor der Sonne und Wärme.
18. Ein Kaktus hat oft die Form einer Kugel.
19. Die Oberfläche[1] der Haut ist dadurch sehr klein.
20. Je kleiner die Oberfläche ist,
21. desto weniger Wasser verliert der Kaktus.
22. Ein Kaktus kann außerdem das Wasser gut speichern[2].
23. Das ist wichtig, weil es nur selten regnet.

[1] **die Oberfläche: die Außenseite**   [2] **Wasser speichern: Wasser sammeln**

❶ Lies den Text.
   Tipp: Der Textknacker hilft dir.

❷ Was ist das Thema des Textes?
   Schreibe drei Stichwörter auf.

Der Textknacker

Sieh
die **Bilder** an!
Lies
die **Überschrift**!
Zähle
die **Absätze**!
Lies die
Schlüsselwörter!
Kläre **unbekannte Wörter**!

Teste dich!

Lesetraining 1b

Name: _____ Datum: _____

❸ Schreibe zu jedem Absatz eine passende Überschrift.
Tipp: Du kannst eine Überschrift auswählen oder dir selbst eine Überschrift ausdenken.

| Pflanzen brauchen Wasser | | Eine Trockenpflanze |

| Die Wüste als Trockengebiet |

❹ Warum wachsen in einer Wüste nur wenige Pflanzen?
Kreuze die richtige Antwort an.

☐ In einer Wüste regnet es sehr oft.

☐ In einer Wüste ist es immer warm.

☐ In einer Wüste ist es sehr trocken.

❺ Markiere im dritten Absatz die Schlüsselwörter.

❻ Der Kaktus wächst in der Wüste.
Nenne seine besonderen Merkmale.
Schreibe Stichwörter auf.

_____

_____

_____

❼ Fasse den Inhalt des Textes zusammen.
Schreibe mindestens drei Sätze.

_____

_____

_____

_____

Teste dich!

Name: _____ Datum: _____

Grammatik 1

Im Wörterbuch findest du die Verben in der Grundform (**Infinitiv**).
Teste dich: Kennst du den Infinitiv der folgenden Verben?

1 Schreibe die Verben im Infinitiv auf.
Tipp: Diese Verben sind unregelmäßig.
Der Vokal ändert sich.

Olessja **lie**st gern Bücher. _____

Alex spr**i**cht drei Sprachen. _____

Eric h**i**lft der Lehrerin. _____

Elsa s**ie**ht einen schönen Stern. _____

Hannes tr**ä**gt eine schwere Tasche. _____

Teste dich: Kannst du **trennbare Verben** schon richtig anwenden?

2 Bilde Sätze. Schreibe sie auf.

A) aufmachen: mein Bruder – die Tür

B) anziehen: mein Vater – ein schönes Hemd

C) aufräumen: meine Schwester – ihr Zimmer

D) anrufen: meine Mutter – ihre Freundin

E) fernsehen: mein Onkel – am Abend

F) einschlafen: meine Tante – auf dem Sofa

Mein Bruder macht _____

_____

_____

_____

_____

Teste dich!

Grammatik 2

Name: _____ Datum: _____

Das **Präsens** ist die Zeitform der Gegenwart.
Teste dich: Kannst du **die Formen der Verben** bilden?

1 Bilde Verbformen im Präsens.
Tipp: Der Vokal ändert sich.

Meine Schwester _____ heute zu unserer Tante.
(f**a**hren)

Meine Freundin _____ drei Sprachen.
(spr**e**chen)

Mein Vater _____ ein spannendes Buch.
(l**e**sen)

Mein Bruder _____ sehr lange.
(schl**a**fen)

2 Bilde Verbformen im Präsens.

Funda _____ eine Katze.
(haben)

Wir _____ Hunger.
(haben)

Ihr _____ die Hausaufgaben gut gemacht.
(haben)

Du _____ sehr nett.
(sein)

Elzbietha _____ 14 Jahre alt.
(sein)

Danny und Leon _____ gute Freunde.
(sein)

Teste dich: Weißt du schon, welche Verben das **Perfekt mit haben**
und welche Verben das **Perfekt mit sein** bilden?

3 Haben oder sein?
Ergänze die Verbformen im Perfekt.

Gestern *bin* ich um acht Uhr **aufgestanden**. Ich _____ dann

die Zähne **geputzt**. Um neun Uhr _____ ich zu meinem Freund

gefahren. Wir _____ zusammen **gespielt**. Mein Bruder _____

um 13 Uhr **gekommen**. Wir _____ zusammen nach Hause **gefahren**.

> Das **Perfekt** verwendest du, wenn du über Vergangenes mündlich erzählst.

Teste dich!

Grammatik 3

Name: _____ Datum: _____

Das **Präteritum** verwendest du, wenn du über Vergangenes schreibst.
Teste dich: Kannst du **die Formen der Verben** bilden?

❶ Bilde Verbformen im Präteritum.
Tipp: Die markierten Verben sind unregelmäßig.
Bei diesen Verben ändert sich der Vokal oder noch mehr.

> **Präsens:**
> sie tanzen
>
> **Präteritum:**
> sie tanz**ten**

Krystina und Sabrina _____ gestern die Nachbarn.
(besuchen)

Wir _____ letzte Woche einen Ausflug.
(machen)

Fred und Hakan _____ am Montag Fußball.
(spielen)

Meine zwei Tanten _____ am Sonntag in die Stadt.
(fahren)

Wir _____ letzten Freitag eine große Pizza.
(essen)

Ertül und Vanessa _____ gestern zusammen ins Kino.
(gehen)

Teste dich: Kennst du die Bedeutung der Verben **müssen, mögen, können, dürfen, wollen** schon gut?

❷ Entscheide dich für eine der beiden Möglichkeiten in den Klammern. Streiche die andere Möglichkeit durch.

Laura hat Hunger. Sie (kann/will) jetzt ein Brot essen.
Gary hat Ferien. Er (kann/muss) jeden Tag lange schlafen.
Pauls Zimmer ist unordentlich. Er (darf/muss) deshalb aufräumen.
Yaprak hat Geburtstag. Sie (darf/muss) sich etwas wünschen.

❸ Hier findest du noch einmal die Sätze von Aufgabe 2.
Ergänze die passenden Verbformen im Präteritum.

Laura hatte Hunger. Sie _____ gestern ein Brot essen.

Gary hatte Ferien. Er _____ jeden Tag lange schlafen.

Pauls Zimmer war unordentlich. Er _____ deshalb aufräumen.

Yaprak hatte Geburtstag. Sie _____ sich etwas wünschen.

Teste dich!

Grammatik 4

Name: _____ Datum: _____

Viele **Präpositionen** geben dir eine Antwort auf **die Frage ‚wo?'**.
Teste dich: Wie viele Präpositionen kennst du schon und
kannst sie richtig anwenden?

💡 Wo? – Dativ

❶ **Wo** ist die Schnecke?
Vervollständige die Sätze.

A) Die Schnecke ist _____ dem Ball.

B) _____

C) _____

D) _____

E) Die Schnecke ist _____ den Bällen.

F) _____

G) _____

Mit **Adverbien** kannst du einen Ort, eine Richtung oder die Zeit
genauer angeben.
Teste dich: Wie viele Adverbien kannst du schon richtig anwenden?

❷ Trage die Adverbien in die richtige Lücke ein.
Zwei Adverbien musst du dir selbst überlegen.
Tipp: Denke an die Großschreibung am Satzanfang.

Mein Tag

Ich stehe _____ auf und gehe ins Bad.

_____ ziehe ich mich an. In der Schule sitze ich ganz

_____ in der ersten Reihe. _____

machen wir zuerst die Hausaufgaben. Ich packe _____

die Schultasche für den nächsten Tag. Wir gehen _____ gerne

in die Stadt. _____ bin ich meistens zu Hause.

ABC
hinterher
morgens
dann
???
nachmittags
???
danach

Teste dich!

Lösungen

Rechtschreiben 1

Aufgabe 1

langes e: l_e_sen, kl_e_ben
kurzes e: rechnen, rennen

Aufgabe 2

die Decke, das Sp_ie_l, der Sommer, s_a_gen,
die G_a_bel, das Fenster, der Satz, f_a_hren,
die Post, das M_ee_r, der Z_a_hn, müssen

Aufgabe 3

Stehen nach einem Vokal **zwei oder mehr Konsonanten**, wird der Vokal meist *kurz* gesprochen.
Steht nach einem Vokal **nur ein Konsonant**, wird der Vokal fast immer *lang* gesprochen.

Rechtschreiben 2

Aufgabe 1

ein Bil|d| ein Zwer|g|
eine Han|d| ein Kor|b|

So könnte deine Strategie lauten:
Ich verlängere das Nomen. Ich bilde den Plural: ein Zwerg – viele Zwerge.
Ich höre dann, welchen Buchstaben ich schreiben muss.

Aufgabe 2

Lisa f|ä|ngt den Ball.
Peter tr|ä|gt die Schultasche.
Boris f|ä|llt in das Loch.
Die Pflanze w|ä|chst schnell.

So könnte dein Tipp für Maria lauten:
Finde ein verwandtes Wort. Bilde bei Verben den Infinitiv: sie fängt – fangen.

Aufgabe 3

die B|äu|me   die Tr|äu|me
die H|äu|ser   die M|äu|se

So könnte dein Tipp für Maria lauten:
Finde ein verwandtes Wort. Bilde bei Nomen den Singular: die Bäume – der Baum.

Rechtschreiben 3

Aufgabe 1

Hurra, heute hat Peter Geburtstag**!**
Viele Freunde feiern mit ihm**. G**erade kommt Lena**. S**ie überreicht Peter das Geschenk**. W**as ist in der Verpackung**?**

Aufgabe 2

Beim *Malen* fällt mir viel ein.
Zum *Lesen* brauche ich Ruhe.
Und **das** *Basteln* macht mir großen Spaß.

So könnte eine Lösung aussehen:
Die Wörter **beim**, **zum** und **das** sind starke Wörter: sie machen Verben zu Nomen. Nomen werden großgeschrieben.

Aufgabe 3

Ich möchte etwas Spannendes sehen.
Aber im Fernsehen läuft nichts Neues.

Grammatik 1

Aufgabe 1

lesen, sprechen, helfen, sehen, tragen

Aufgabe 2

A) Mein Bruder macht die Tür auf.
B) Mein Vater zieht ein schönes Hemd an.
C) Meine Schwester räumt ihr Zimmer auf.
D) Meine Mutter ruft ihre Freundin an.
E) Mein Onkel sieht am Abend fern.
F) Meine Tante schläft auf dem Sofa ein.

Grammatik 2

Aufgabe 1

Meine Schwester *fährt* heute zu unserer Tante.
Meine Freundin *spricht* drei Sprachen.
Mein Vater *liest* ein spannendes Buch.
Mein Bruder *schläft* sehr lange.

Teste dich!
Lösungen

Aufgabe 2
Funda *hat* eine Katze.
Wir *haben* Hunger.
Ihr *habt* die Hausaufgaben gut gemacht.
Du *bist* sehr nett.
Elzbietha *ist* 14 Jahre alt.
Danny und Leon *sind* gute Freunde.

Aufgabe 3
Gestern *bin* ich um acht Uhr aufgestanden.
Ich *habe* dann die Zähne geputzt. Um neun
Uhr *bin* ich zu meinem Freund gefahren.
Wir *haben* zusammen gespielt.
Mein Bruder *ist* um 13 Uhr gekommen.
Wir *sind* zusammen nach Hause gefahren.

Grammatik 3

Aufgabe 1
Krystina und Sabrina *besuchten* gestern
die Nachbarn. Wir *machten* letzte Woche
einen Ausflug. Fred und Hakan *spielten*
am Montag Fußball. Meine zwei Tanten *fuhren*
am Sonntag in die Stadt. Wir *aßen*
letzten Freitag eine große Pizza. Ertül und
Vanessa *gingen* gestern zusammen ins Kino.

Aufgabe 2
(~~kann~~/ will), (kann / ~~muss~~), (~~darf~~ / muss),
(darf / ~~muss~~)

Aufgabe 3
Laura hatte Hunger. Sie *wollte* gestern
ein Brot essen. Gary hatte Ferien. Er *konnte*
jeden Tag lange schlafen. Pauls Zimmer war
unordentlich. Er *musste* deshalb aufräumen.
Yaprak hatte Geburtstag. Sie *durfte* sich
etwas wünschen.

Grammatik 4

Aufgabe 1
A) auf
B) neben
C) unter
D) vor
E) zwischen
F) hinter
G) an

Aufgabe 2
Mein Tag
Ich stehe *morgens* auf und gehe ins Bad.
Dann ziehe ich mich an. In der Schule sitze ich
ganz *vorne* in der ersten Reihe. *Nachmittags*
machen wir zuerst die Hausaufgaben.
Ich packe *danach* die Schultasche.
Wir gehen *hinterher* gerne in die Stadt.
Abends bin ich meistens zu Hause.

Lesetraining 1

Aufgabe 2
So könnte eine Lösung aussehen:
die Wüsten, trockene Gebiete,
wenige Pflanzen, ein Kaktus

Aufgabe 3
1 Die Wüste als Trockengebiet
2 Pflanzen brauchen Wasser
3 Eine Trockenpflanze

Aufgabe 4
[x] In der Wüste ist es sehr trocken.

Aufgabe 5
Zum Beispiel:
eine Pflanze, der Kaktus, dicke Haut, Dornen,
schützen vor der Sonne, die Form einer Kugel,
Oberfläche klein, kann Wasser gut speichern

Aufgabe 6
Zum Beispiel:
eine dicke Haut, eine Wachsschicht,
viele Dornen, die Form einer Kugel,
kann Wasser gut speichern

Aufgabe 7
Zum Beispiel:
Wüsten sind sehr trockene Gebiete. In Wüsten
wachsen nur wenige Pflanzen. Eine Pflanze
in der Wüste ist der Kaktus. Er hat besondere
Merkmale, damit er nicht vertrocknet.

Zu diesen Handreichungen für den Unterricht gehören die Arbeitshefte:
- Rechtschreiben (ISBN 978-3-464-62600-9)
- Lesetraining (ISBN 978-3-464-62601-6)
- Grammatik (ISBN 978-3-464-62602-3)

Projektleitung: Gabriele Biela
Redaktion: Susanne Weidmann
Illustrationen: Oleg Assadulin, Berlin (Seite 54), Matthias Pflügner, Berlin (Seite 56), Ulrike Selders, Köln (Seite 60, 61)

Umschlagillustration: Bernhard Skopnik, Kassel
Gesamtgestaltung: Klein & Halm Grafik-Design, Berlin

www.cornelsen.de

1. Auflage, 1. Druck 2006/06

© 2006 Cornelsen Verlag, Berlin

Das Werk und seine Teile sind urheberrechtlich geschützt.
Jede Nutzung in anderen als den gesetzlich zugelassenen Fällen bedarf
der vorherigen schriftlichen Einwilligung des Verlages.
Hinweis zu §52a UrhG: Weder das Werk noch seine Teile dürfen ohne eine
solche Einwilligung eingescannt und in ein Netzwerk eingestellt werden.
Dies gilt auch für Intranets von Schulen und sonstigen Bildungseinrichtungen.
Die Kopiervorlagen dürfen für den eigenen Unterrichtsgebrauch
in der jeweils benötigten Anzahl vervielfältigt werden.

Druck: H. Heenemann, Berlin

ISBN-13: 978-3-464-62603-0
ISBN-10:   3-464-62603-2

Inhalt gedruckt auf säurefreiem Papier aus nachhaltiger Forstwirtschaft.